1683791

W0013212

MARTIN WIRTH

Halt! Hier Grenze
Beobachtungen eines blinden Theologen und Biologen

MARTIN WIRTH

Halt!
Hier
Grenze

**Beobachtungen eines
blinden Theologen
und Biologen**

Echter

Information der Deutschen Nationalbibliothek
Die Deutsche Nationalbibliothek verzeichnet diese Publikation
in der Deutschen Nationalbibliografie; detaillierte bibliografische
Daten sind im Internet über ‹http://dnb.d-nb.de› abrufbar.

© 2020 Echter Verlag, Würzburg
www.echter.de

Umschlag: Bureau 71A, Würzburg

Coverbild: © skiminOk/Shutterstock
Satz: Satzsystem metiTec, me-ti GmbH, Berlin
Druck und Bindung: CPI – Clausen & Bosse, Leck

ISBN 978-3-429-05506-6

Inhalt

I.   Warum ich über Grenzen schreibe

Grenzen bestimmen unser Leben. Grenzen machen deutlich, dass dort etwas aufhört, zu Ende geht und dass dahinter etwas Neues, etwas Anderes anfängt. Auf einer allgemeinen, übergeordneten Ebene lässt sich sogar behaupten: Leben kann sich ohne Grenzen gar nicht erst ereignen. Denn ohne Grenzen gibt es keine Körper und Räume. Grenzen schaffen ein Innen und ein Außen, ein Hier und ein Dort, ein Richtig und ein Falsch. Grenzen lassen Strukturen erkennen und stecken Räume ab. Wir haben es mit Kulturgrenzen zu tun, mit Grenzen zwischen Religionen, Konfessionen, Weltanschauungen und Parteien, mit Milieu- und Einkommensgrenzen. Straßen, Eisenbahntrassen und Kanäle verbinden Regionen und Orte, zugleich stellen sie für Mensch und Tier gefährliche Grenzen dar. Geologische Grenzen finden wir vor, politische Grenzen wurden und werden von Menschen gezogen. So manch gezogene Grenze ist sinnvoll und gut begründet. Dann bietet sie Schutz und Orientierung. Andere sind willkürlich gesetzt und lösen bei Menschen Verständnislosigkeit, Ärger oder gar Entsetzen aus. Es gibt Grenzen, die strikt und konsequent einzuhalten sind, und Grenzen, die überwunden werden müssen. Grenzen werden befestigt und verteidigt, und Grenzen werden niedergerissen. Persönliche Grenzen sind zu achten, damit es nicht zu Grenzüberschreitungen und Übergriffen kommt. Grenzen werden umgangen. Menschen grenzen aus und werden ausgegrenzt. Bestimmte Situationen empfinden wir als grenzwertig. Manche Menschen verzweifeln und scheitern an Grenzen, verstummen dann und geben auf. Andere reiben sich an Grenzen, stellen sie in Frage und gehen am Ende gereift und gestärkt aus diesem Prozess hervor. Menschen müssen lernen, mit begrenzten Möglichkeiten und Ressourcen zu leben und mit begrenzter Kraft: Manch gegebene und unabänderbare Grenze gilt es zu akzeptieren, um nicht an ihr zu verzweifeln. Grenzen prägen und formen das Leben, sie fordern den Menschen heraus. Sie zeigen, wozu der Mensch in der Lage ist, was er vermag, wofür er steht und sich einsetzt.

Sozialwissenschaftlichen Beobachtungen folgend, müssen innerhalb von Gesellschaften und Gemeinschaften Grenzen, also Regeln und Gesetze, von Zeit zu Zeit diskutiert und neu verhandelt werden, damit sie den Veränderungen und Entwicklungen gerecht werden. Dabei gilt es, zwischen den Positionen einer offenen und einer geschlossenen Gesellschaft zu vermitteln. In Reinform ist keiner dieser beiden Gesellschaftsentwürfe überlebensfähig. Während Kosmopoliten für offene Grenzen und kulturelle Vielfalt eintreten, stehen Traditionale für eine klare Abgrenzung.

Für mich sind Grenzen seit frühester Kindheit sehr bewusste Wegbegleiter: Im Kindergartenalter wurde bei mir eine erblich bedingte Augenkrankheit, Retinitis pigmentosa (RP), festgestellt, die sich in einer zunehmenden Vernarbung der Netzhaut zeigt. Das Sichtfeld wird dabei immer kleiner und kann schließlich ganz verschwinden, in meinem Fall mit 28 Jahren. Ereignisse in der Kindheit prägen die Entwicklung eines Menschen bekanntlich nachhaltig und so rief vor allem diese erblich bedingte Grenze meines Körpers in mir Fragen hervor, die mich mein Leben lang – ob im familiären, seelsorgerischen oder in einem anderen Kontext – begleitet haben:

• Wie gehe ich mit meiner Begrenztheit um, also mit dem, wie ich mich vorfinde, was mir gegeben ist und wie ich geworden bin?

• Wie gehe ich mit den Grenzen um, auf die ich auf meinem Lebensweg treffe?

• Wie finde ich heraus, an welchen Grenzen es sich zu kämpfen lohnt, wo ich also Kraft, Gedanken, Ideen, Kreativität, Geld- und Sachmittel sowie Lebenszeit einsetzen möchte? Sei es, um eine Grenze zu erhalten und zu schützen, oder um sie zu durchbrechen und einzureißen.

• An welchen Grenzen verhalte ich mich besser passiv und ziehe mich zurück? Mit welchen Begrenzungen und Grenzen sollte ich mich abfinden? Welche kann ich sogar lieben lernen?

Meine Behinderung ist an sich nicht schön, sie macht meinen Alltag herausfordernd und hat mir so manches Mal schon ziemlich große Probleme bereitet. Doch habe ich in meinem Leben zwei Dinge zu verstehen gelernt:

Als Mensch mit einer Schwerbehinderung stelle ich eine Normvariante menschlichen Seins mit einem besonderen Zugang zum Leben dar.

Und:

Meine Behinderung ist Geschenk, theologisch ausgedrückt: Gnade.

Dieses Buch trägt stark autobiographische Züge: Denn Erfahrungen stellen ja eine Quelle neuer Einsichten dar. So hoffe ich, dass der Leser oder die Leserin dieses Buches durch meine Schilderung und Reflexion eigener Erfahrungen einen kleinen Einblick in die besondere Perspektive eines sehbehinderten und später blinden Menschen erhält und sich ihm oder ihr Möglichkeiten eröffnen, wie man mit eigenen und fremden Grenzen richtig umgeht.

Nicht nur meine eigenen Erfahrungen, sondern auch die in den letzten Jahren bekannt gewordenen Fälle massivster Grenzverletzungen und Grenzüberschreitungen in der katholischen Kirche haben mich dazu bewogen, dieses Buch zu schreiben. Das Ausmaß und die Tiefe des zwischenmenschlichen wie institutionellen Versagens haben mich zutiefst erschüttert. Von sexuellem Missbrauch Betroffene müssen die Gewissheit haben, dass ihre Täter und Täterinnen strafrechtlich verfolgt werden. Als Diakon ist mir besonders wichtig, hier Stellung zu beziehen. Es benötigt große Sensibilität, um die oft stillen Hilferufe Betroffener wahrnehmen zu können. Hierfür sind die eingeführten Präventionsschulungen für alle hauptamtlichen, hauptberuflichen und freiwilligen Mitarbeiterinnen und Mitarbeiter sowie die Erstellung von Schutzkonzepten für unsere Pfarreien und kirchlichen Einrichtungen absolut notwendige, unverzichtbare Maßnahmen.

Die Forschung zur Prävention sexuellen Missbrauchs hat gezeigt: Sich selbst immer besser kennenzulernen und zu verstehen, eigene Gefühle zuzulassen und in Worte zu fassen, persönliche Grenzen und Begrenztheiten wahrzunehmen und über selbst erlebte Grenzerfahrungen und Grenzüberschreitungen mit anderen zu sprechen, sind wichtige Schritte auf einem Weg, der dazu führt, die eigenen Grenzen und die Grenzen seiner Mitmenschen achten und schützen zu können. Auch dazu möchte ich mit diesem Buch einen Beitrag leisten.

II. Meine von Freiheit und Grenzen geprägte Kindheit

1. Familiäre Werte und Grenzzäune

Geboren wurde ich als jüngstes von fünf Kindern im Juli 1972 in Helmstedt in Niedersachsen an der deutsch-deutschen Grenze. Mein Vater war Grundschulrektor, als Ratsherr in der Kommunalpolitik aktiv und engagierte sich als Mitglied in zahlreichen Vereinen, Initiativen und der Kirchengemeinde. Sein Herz schlug für die Pfadfinderbewegung: Den Stamm St. Ludgeri Helmstedt der Deutschen Pfadfinderschaft St. Georg (DPSG) hatte er nach dem Krieg wiederbegründet.

Auch meine Mutter war in der Kirche ehrenamtlich engagiert und baute gemeinsam mit anderen Frauen den Caritas-Helferkreis der katholischen Gemeinde Helmstedt auf. „Hauptberuflich" führte sie das „Unternehmen Familie". Als dem Fortschritt gegenüber aufgeschlossene und technikinteressierte Frau brachte sie – inspiriert von Haushaltsmessen – immer wieder technische Neuerungen in den Haushalt ein und beteiligte uns Kinder an der Hausarbeit.

Der christliche Glaube, verbunden mit dem kirchlichen Leben der katholischen Gemeinde in Helmstedt, prägte unser Familienleben. Allabendlich segneten mich meine Eltern vor dem Schlafengehen, indem sie das Kreuzzeichen auf meine Stirn zeichneten. Ich erinnere mich auch deshalb heute noch eindrücklich an diese Momente, da ich in dieser Handlung das Gottvertrauen meiner Eltern spürte, das sich auch auf mich übertrug.

Besonders eingeprägt haben sich mir die Weihnachtstraditionen unserer Familie: Da meine Oma und Mutter aus Schlesien stammen, durften bei uns zu Hause Vanillekipferl, Mohnkuchen und Schlesische Weißwurst mit Sauerkraut und Kartoffeln am Heiligen Abend nicht fehlen. Wenn es dann ins Wohnzimmer ging, durften wir Kinder den geschmückten Raum erst dann betreten, wenn unsere Eltern mit der kleinen Handglocke klingelten. Und wenn dann mein Vater die Weihnachtsgeschichte vorgelesen und seine Weihnachtsansprache an die Familie gehalten hatte, durfte der Jüngste der Familie, also ich, das Jesuskind in die Krippe stellen, zwischen Maria und Josef. In diesem Moment hielt die ganze Familie inne, alles wurde still; denn es galt, beim Hineinstellen der kleinen Figur darauf zu achten, dass keine der Kerzen umfiel, die an der Krippe aufgestellt waren. Dann nahmen wir uns alle gegenseitig in die Arme und wünschten uns „Frohe Weihnachten". Erst danach packten wir die Geschenke aus.

Eine einschneidende Unterbrechung dieser Weihnachtstradition geschah, als ich 17 Jahre alt war: Ich wohnte schon mehrere Jahre nicht mehr zu Hause, da ich wegen meiner geringer werdenden Sehkraft das Gymnasium für Blinde und Sehgeschädigte in Marburg an der Lahn besuchte und dort im Internat lebte. Doch zum Weihnachtsfest fuhr ich immer nach Hause. Auch jener Heiligabend begann so wie immer. Als wir dann alle im Wohnzimmer versammelt waren, warteten wir auf die Verkündigung der Weihnachtsgeschichte durch meinen Vater und auf seine Ansprache. Er nahm die Bibel zur Hand und ich freute mich schon auf seine Stimme, denn durch seine alljährliche Verkündigung wurde die Weihnachtsgeschichte für mich immer wahrer. Doch diesmal legte er die Bibel wieder auf den Tisch. An diesem Heiligen Abend schwieg mein Vater. Er war von einigen Menschen so sehr enttäuscht worden, dass es ihm in diesem Moment die Stimme verschlug. Auch seine Ansprache fiel aus. Es wurde still, es wurde sehr still. Tränen flossen. Ich saß neben meiner Mutter auf dem Sofa. Sie tippte mich an und sagte zu mir: Junge, sag du etwas. Ich legte eine Hand auf die Bibel meines Vaters und begann, die Weihnachtsgeschichte nachzuerzählen: In jenen Tagen erließ Kaiser Augustus den Befehl, alle Bewohner des Reiches in Steuerlisten einzutragen … Dann stellte ich das Jesuskind in die Krippe und dankte Gott für unsere Familie. Zu dieser Danksagung trugen auch meine Mutter und meine Schwester etwas bei. Wir fanden uns in einer Atmosphäre des Getragenseins wieder, die auch meinen Vater ergriff. Dann nahmen wir uns wie jedes Jahr in die Arme und wünschten einander „Frohe Weihnachten".

Heute bin ich Diakon und darf das Evangelium Jesu Christi verkündigen. So manches Mal, wenn ich das Evangelienbuch der Gemeinde zeige, habe ich dasselbe Gefühl wie früher, wenn ich die Figur des Jesuskindes in die Krippe legen durfte. Immer, wenn ich mich auf die Gottesdienste am Heiligen Abend und an den Weihnachtsfeiertagen vorbereite, kommt mir jener Heilige Abend aus meiner Jugend in den Sinn. Der Eröffnungsvers der Heiligen Nacht lässt mich immer wieder in das Wohnzimmer meines Elternhauses damals in meiner

Heimatstadt Helmstedt blicken: „Freut euch im Herrn, heute ist uns der Heiland geboren. Heute ist der wahre Friede vom Himmel herabgestiegen."

Das Leben meiner Familie war stark vom Glauben geprägt: Der Sonntag war dem Gottesdienst und der Familie gewidmet. Nachmittags ging es dann zum Spaziergang in den Wald, der sich häufig zu einer mehrstündigen „Erlebnistour" durch das Unterholz entwickelte, worüber nicht alle Familienmitglieder begeistert waren. Viele Wege hörten abrupt vor der DDR-Grenze auf. Immer wieder trafen wir auf eines der zahlreichen Schilder des Bundesgrenzschutzes, die den genauen Grenzverlauf einige Meter vor dem Grenzzaun mit der unmissverständlichen Aufschrift „Halt! Hier Grenze" markierten. Ich begann, die Aussage dieser Schilder zu hinterfragen, und fand bei meinen Eltern dafür offene Ohren. Als wir bei einem Spaziergang wieder einmal vor so einem Schild standen, sagte mein Vater zu mir: „Ich werde es wohl nicht mehr erleben, dass die Grenze wieder verschwindet. Aber du wirst es! Da bin ich mir sicher!" Heute sind die Grenzschilder nur noch im Grenzlandmuseum zu finden, und mein Vater ist 88 Jahre alt.

Doch bis die Grenze 1989 ihre Schrecken verlor, mussten wir mit ihrer Existenz leben und spürten ihre Auswirkungen: So stürzte manch ein Drachen, den wir Kinder steigen ließen, über dem Grenzstreifen ab und war verloren. Unser schönster Reitweg endete nach 700 Metern an einem Schlagbaum. Manchmal hörten wir Schüsse. In der Tageszeitung lasen meine Eltern von missglückten Fluchtversuchen. In Helmstedt war eine Einheit des Bundesgrenzschutzes stationiert. Am 17. Juni, dem Tag der deutschen Einheit, gab es Kundgebungen an der Grenze. DDR-Lokomotiven übernahmen im Helmstedter Bahnhof die Züge nach Berlin. Wenn wir unsere Verwandten „drüben" besuchten, mussten wir in mehrstündigen Kontrollen am Autobahn-Grenzübergang unser Auto komplett ausräumen sowie Koffer und Taschen auspacken. Das Misstrauen der Grenzbeamten sprach aus jedem ihrer Sätze und jeder ihrer Gesten. Ich begriff, dass Angst der Errichter dieser Grenze war. Auch aufgrund dieser Erfahrung bin ich heute überzeugt: Dort, wo die Angst regiert und wo Angst geschürt wird, entstehen gefährliche Grenzen, die mit einem immensen Aufwand an Ressourcen (Kraft, Zeit, Geld …) unterhalten werden müssen.

Wir waren schon eine außergewöhnliche Familie: Von fünf Kindern waren vier von der Augenkrankheit betroffen. Ich bin so froh und dankbar, dass unsere Eltern uns alle fünf annahmen und uns stets das Gefühl gaben, gewollt zu sein. Meine Mutter tröstete mich immer, wenn ich mal wieder total erschöpft von der Schule nach Hause kam, und auch der Rückhalt unter uns Geschwistern war groß. Unsere Familie hatte manchmal durchaus Züge einer „Selbsthilfegruppe": Dort konnte ich meine schlechten Erlebnisse aus der Schule einbringen, traf auf liebevolles Verständnis und erhielt Tipps von meinen Geschwistern, die ihren persönlichen Umgang mit solchen Erlebnissen schilderten. Auch unsere Eltern fühlten mit uns mit und griffen so manches Mal für ein klärendes Gespräch zum Telefon. Obgleich manche Mitmenschen unsere Familie allein wegen fünf Kindern als „asozial" bezeichneten oder es für „einfach unverantwortlich" hielten, so viele behinderte Kinder zu bekommen, ließen meine Eltern nie einen Zweifel daran bestehen, dass wir alle fünf angenommen und gewollt waren. Bis heute besteht zwischen mir und meinen Geschwistern, aber auch zu meinen Eltern (meine Mutter starb im März 2019) ein gutes, stabiles Vertrauensverhältnis – sicherlich auch durch die gemeinsam durchlebten Erschwernisse in unserer Kinder- und Jugendzeit.

2. Grundschulzeit und Orientierungsstufe in Helmstedt

Die ersten sechs Jahre meiner Schulzeit ging ich auf eine Regelschule. Auch wenn ich damals noch über einen relativ großen Sehrest verfügte, machte ich hier vielschichtige pädagogisch „exklusive" Erfahrungen: Zum Beispiel wurde ich bei Ballspielen im Sportunterricht immer auf die Bank gesetzt und durfte vom Spielfeldrand dem Geschehen folgen. Der Einsatz visueller Unterrichtsmaterialien (Tafelbilder, Landkarten, Overheadfolien etc.) stellte eine große Barriere für meine Beteiligung am Unterrichtsgeschehen dar, da ich sie mit meinem eingeschränkten Sichtfeld nicht erfassen konnte und für notwendige Erklärungen seitens der Lehrerin im laufenden Schulbetrieb keine Zeit war. Wenn ich – was selten vorkam – doch einmal besonderes Lernmaterial bekam, empfanden dies manche Mitschüler als „Bevorzugung" und gaben ihrer Missbilligung lautstark Ausdruck.

Auch wenn ich in der ersten Reihe saß, konnte ich nicht erkennen, was an die Tafel geschrieben oder gezeichnet wurde. Ging ich jedoch näher zur Tafel, wurde ich von vielen Mitschülern ausgeschimpft: Sie beschwerten sich, dass sie jetzt nichts mehr sehen könnten. Auf lösungsorientierte, pädagogische Maßnahmen von Seiten der Lehrerinnen wartete ich vergebens. Deren Reaktion bestand darin, mich in solchen Situationen auf meinen Platz zurückzuschicken mit der Begründung, ich würde den Unterricht zu sehr stören.

Zur optimalen Nutzung meines Sehrestes arbeitete ich im Unterricht mit einer Lupe und hatte eine Schreibtischlampe zur Verbesserung der Lichtverhältnisse an meinem Sitzplatz. Bei einer Klassenschelte fuchtelte unsere Lehrerin so stark mit ihren Armen, dass sie dabei meine Lampe vom Tisch fegte. In ihrem Ärger warf sie die Lampe oben auf den Lehrerschrank, so dass sie mir für den Rest des Schultages nicht mehr zur Verfügung stand. Dies reduzierte die Möglichkeiten meiner Mitarbeit im Unterricht auf nahezu null, deshalb wandte ich mich zu Hause an meinen Vater und erzählte ihm vom Entzug der Lampe. Nachdem dieser sich am nächsten Tag mit der Bitte an die Lehrerin gewandt hatte, mir die Lampe wieder zur Verfügung zu stellen, erhielt ich sie zurück – ohne Entschuldigung, dafür garniert mit dem Tadel, dass es aber nicht nötig gewesen sei, dies meinem Vater zu erzählen (der als ehemaliger Rektor der Grundschule und einflussreicher Kommunalpolitiker kein Unbekannter in Helmstedt war).

In der sechsten Klasse stand Geometrie auf dem Lehrplan in Mathematik. Darin ging ich so richtig auf: Ich beherrschte die geometrischen Gesetze, konnte alle Winkel berechnen und hatte große Freude an diesem Fach. In der Klassenarbeit, in der ich alle Aufgaben inhaltlich korrekt bearbeitet und gelöst hatte, bekam ich allerdings die Note Fünf mit der Begründung, dass ich meine Lösungen leider nicht sauber auf das Millimeterpapier gezeichnet habe. Mir ist noch die (aus heutiger Sicht bestürzende) Reaktion der Lehrerin in Erinnerung, als ich vor Enttäuschung über die schlechte Note mit den Tränen rang: Sie begann ebenfalls zu weinen, nahm mich in den Arm und sagte, dass ihr das sehr leidtue, dass sie aber keine andere Möglichkeit habe. (Eine Aussage, die im Rückblick auch vor den damals schon bestehenden pädagogischen Spielräumen des Nachteilsausgleichs sachlich nicht zutreffend war.)

Die Liste pädagogisch „exklusiver" Erfahrungen der ersten sechs Schuljahre ließe sich noch fortsetzen und um einige teils skurrile Beispiele erweitern – an dieser Stelle möchte ich den Blick jedoch auf die zusätzlichen sozial-exklusiven Erfahrungen im Kontext der Klassengemeinschaft lenken, die heute unter dem Stichwort „Mobbing durch Mitschüler" treffend bezeichnet würden und mir ebenfalls eindrückliche und schmerzliche Grenzerfahrungen bescherten. Denn einige meiner Mitschüler schienen keinen anderen Weg zu sehen, als meinem Anderssein durch Feindseligkeiten zu begegnen:

In den Pausen zogen sie z. B. den Stecker meiner Lampe und zeigten große Freude daran, dass ich, wenn ich sie in der darauffolgenden Unterrichtsstunde benutzen wollte, extra von meinem Platz aufstehen und mich tastend zur Steckdose bewegen musste, um die Stromzufuhr wieder herzustellen. Die negative Aufmerksamkeit der Lehrerinnen, deren Ärger über die dadurch entstehenden Unterbrechungen des Unterrichtsablaufs galten natürlich mir – was kichernd und freudig im Klassenzimmer zur Kenntnis genommen wurde. Wenn ich mich am Ende jeden Schultages aufmachte, Lampe und Lupe im Klassenschrank einzuschließen, stellten mir manche Mitschüler auf dem Weg ein Bein – eine Schikane, auf die ich mich spätestens seit der 3. Klasse täglich innerlich eingestellt hatte.

Die Anstrengung, mit meinem Sehrest zu arbeiten, führte häufig zu Kopfschmerzen, die sich bisweilen auch zu Migräneanfällen steigerten und mir ein bis zwei Tage krankheitsbedingte Abwesenheit vom Unterricht bescherten, bis ich mich erholt hatte. Waren die Kopfschmerzen so stark, dass ich schon während des Unterrichts nach Hause gehen musste, wurde mir von Mitschülern Simulantentum vorgeworfen: „So oft kann man doch gar keine Kopfschmerzen haben!"

Während meiner Grundschulzeit und während der Orientierungsstufe habe ich gelernt, mich auf solch schmerzliche Erlebnisse sozialer Ausgrenzung einzurichten. Ich arbeitete an einer inneren Haltung, einen effizienten Umgang mit meinen Kräften zu entwickeln, um die relevanten Aufgaben im Schulalltag bewältigen zu können. Es gab jedoch auch Erlebnisse, die mich an die Grenzen meiner emotionalen Kräfte brachten, etwa, wenn ich durch körperliche Gewalt bedroht wurde: So lauerte mir auf dem Schulweg oft ein Schüler aus der Nachbarschule auf. Er beschimpfte mich als „Scheiß-Blinden", bespuckte mich, trat mir mit Wucht gegen den Schulranzen und stieß mich auf die Straße, natürlich ohne Rücksicht darauf, ob gerade ein Auto kam oder nicht.

Die bis hierhin geschilderten Erlebnisse des Scheiterns, von Ohnmacht und Demütigung sowie der sozialen und pädagogischen Ausgrenzung sollen vermitteln, dass meine Grundschulzeit und auch die Zeit der Orientierungsstufe auf der weiterführenden Schule eine Zeit mit entscheidenden, prägenden Grenz-Erlebnissen war. Doch es gab für mich auch Orte und Gemeinschaften, wo ich gut sein konnte, wie ich war, und wo ich Stärkung und Ermutigung erfuhr.

3. Resilienzquellen während meiner Helmstedter Schulzeit

Hier ist an erster Stelle meine Familie zu nennen: Der starke Zusammenhalt untereinander und der Rückhalt meiner Eltern gaben mir Kraft und bestärkten mich darin, mich zu verteidigen und mich nicht von den Schikanen meiner Mitmenschen kleinkriegen zu lassen.

Mit acht Jahren trat ich außerdem bei den Georgspfadfindern ein. In dieser Gemeinschaft musste ich keine Demütigungen aufgrund meiner Behinderung fürchten. Hier galt und gilt es bis heute, als Gruppe zu wachsen, die Stärken der Einzelnen wahrzunehmen und aufeinander zu achten. Uns wurde eingeschärft und vorgelebt: Keiner kann alles und keiner kann nichts. Bei den Pfadfindern habe ich unter Gleichaltrigen erfahren, wie schön es ist, helfen zu können und Hilfe annehmen zu dürfen. Ging es um die Planung von Fahrten und Zeltlagern, war die Denkrichtung eine der Ermöglichung: Es wurde nicht darüber nachgedacht, was mit mir nicht geht, sondern darüber, wie es mit mir gehen kann. Getreu dem Prinzip der Pfadfinder nahmen wir uns nach jeder Fahrt und jeder gemeinsamen Aktion Zeit, unser gemeinsames Handeln zu reflektieren und gemeinsam nach Möglichkeiten zu suchen, es beim nächsten Mal (noch) besser zu machen. Ich fühlte mich ernst genommen und erhielt die Chance, mich als wirksames Mitglied der Gemeinschaft zu erleben. Die Gottesdienste, die wir miteinander im Zelt oder unter freiem Himmel feierten, beeindruckten mich sehr. Besonders in diesen Stunden habe ich gelernt, gemeinsam mit Gott in meinem Leben danach zu suchen, wofür ich danken kann. Ich habe mit den Jahren erfahren dürfen, dass man immer etwas finden kann, so schwierig die Umstände gerade auch sein mochten.

Neben dem familiären Rückhalt und der Gemeinschaft der Pfadfinder zog ich viel Kraft aus sportlicher Betätigung: Mein Elternhaus liegt an der Bundesstraße 1, die damals an der DDR-Grenze endete, beim sogenannten „ausgebrannten Bus". Es handelte sich um den Rest eines Busanhängers, der als Barrikade diente, bevor der Grenzzaun gezogen wurde. Bis zur Grenzöffnung 1989 wurde diese Straße kaum befahren, so dass ich mit meinem Sehrest auf ihr mit meinem Fahrrad unterwegs sein konnte. Ich liebte das Radfahren. Mit ihm verband ich Freiheit und Unabhängigkeit. So manches Mal fuhr ich bis zum „ausgebrannten Bus" und verweilte dort. Ab und zu kam eine Patrouille des Bundesgrenzschutzes vorbei.

Über die B 1 erreichte ich auch den Bauernhof der Familie Henkel. Dieser Hof war damals mein zweites Zuhause. Hier lernte ich reiten und kümmerte mich mehrere Jahre um ein Pony. Es hieß Prinz und wir wurden richtig gute Freunde. Führte ich ihn am Halfterstrick durch den Stall zur Weide, passte er auf, dass ich gegen kein Hindernis stieß; jedenfalls fühlte es sich für mich so an. Mit Prinz gewann ich sogar mal den ersten Platz eines Querfeldeinrennens und es grenzt selbst für mich an ein Wunder, dass wir beide dies unbeschadet überlebten. Es gab viele Kinder und Jugendliche, die gerne zu Henkels kamen. Wir wurden dort in verschiedene Arbeiten auf dem Hof eingewiesen, durften mit anpacken, aber auch einfach nur da sein.

III. Gefördert und gefordert: Meine Internatszeiten

1. Internatszeit in Hannover - erste Erfahrungen mit der Förderschule

Als ich dreizehn Jahre alt wurde, stand ein Schulwechsel bevor: Ich kam in das Landesbildungszentrum für Blinde nach Hannover, ein sonderpädagogisches Internat. Anfangs fuhr ich noch jedes Wochenende nach Hause und besuchte den Bauernhof. In den Ferien war ich wie gewohnt mit den Pfadfindern unterwegs. Ich lebte mich schnell im Internat ein und knüpfte Freundschaften. Mir mit mehreren ein Zimmer teilen zu müssen, erlebte ich nicht als Einschränkung – ich war es ja von zu Hause mit meinen Geschwistern gewohnt. Wenn wir mit den Mitschülern so ins Erzählen kamen, konnten wir alle ähnliche Erlebnisse aus unserer Regelschulzeit berichten, und wir alle teilten die Freude, dieses Kapitel hinter uns zu haben.

Im Folgenden möchte ich darauf eingehen, was sich für mich durch die besondere pädagogische Förderung änderte. Man vermittelte mir, dass es sehr wahrscheinlich sei, dass ich einmal ganz erblinden würde. Aus diesem Grund stand neuerdings der Erwerb der Blindenschrift auf dem Lehrplan. Ich hatte große Freude daran, die Blindenschrift zu lernen, und war sehr stolz, zunehmend besser mit ihr arbeiten zu können. Da ich nun meine Augen nicht mehr so anstrengen musste, bekam ich als positive Nebenwirkung deutlich seltener Kopfschmerzen.

Im Sportunterricht wurde ich nicht mehr auf der Zuschauerbank „geparkt": Statt danebenzusitzen, lernte ich Judo, ruderte auf dem Maschsee und durfte sogar Reitunterricht nehmen. Der Musikunterricht hatte einen großen Stellenwert, und ich begann Schlagzeug zu spielen. In Kunst ging es nun nicht mehr ausschließlich um Bilder und Farben: Wir bekamen Materialien wie Ton, Holz und Metall in die Hände, und konnten auf vielfältige Weise kreativ werden. Im Deutsch- oder Geschichtsunterricht kamen Hörbücher, Hörspiele und Radiosendungen zum Einsatz. Für Geometrie gab es sogar einen Zeichenkasten für Blinde. Wir zeichneten mit einem Metallgriffel auf Kunststofffolien. Die dabei entstehenden Linien sind zu fühlen. Lineal und Geodreieck sind mit einer Punktschriftskala versehen. Ich war begeistert!

Gerne spielten wir in der Freizeit Schach. Die Felder auf dem Schachbrett sind erhaben, und die Figuren werden auf die Felder gesteckt, so dass sie beim Betasten nicht umfallen können. Einmal spielten wir heimlich im Deutschunterricht. Unser Lehrer war blind. Eine Zeit lang ging es gut, doch dann fiel mir eine Figur aus der Hand und der Lehrer hörte, was wir taten – natürlich war unser Spiel damit beendet … Die Schülerzeitung brachten wir auf Kassette heraus, die wir in dem schuleigenen Tonstudio produzierten. Unsere Lehrerinnen und Lehrer, Erzieherinnen und Erzieher trauten uns viel zu und packten uns nicht in Watte – Fördern und Fordern gingen hier im besten Sinne Hand in Hand.

Was ich allerdings überhaupt nicht mochte, war, dass wir das Schul- und Internatsgelände nur mit Armbinde verlassen durften. Sie war mit dem Blindenzeichen versehen, drei schwarzen Punkten auf gelbem Hintergrund. Im Sommer wurde sie mit Sicherheitsnadeln an einem T-Shirt-Ärmel befestigt und sorgte dafür, dass die Haut darunter nicht braun werden konnte – ein bleibendes Kennzeichen auch in der Ferienzeit. Wenn wir mit unseren Armbinden in der Straßenbahn saßen, konnte es uns passieren, dass Schokoladentafeln in unserem Schoß landeten – begleitet von mitleidvollen Ausrufen: „Ihr armen Blinden!" Gleich nachdem ich mein Abschlusszeugnis erhielt, warf ich meine Armbinde in den Müll.

Den Blindenlangstock zu bekommen, empfand ich hingegen als eine Art Initiation, denn er ist für mich ein Sinnbild für Selbstständigkeit. Mit geringer werdendem Sehvermögen wurde der Langstock immer wichtiger für mich. Damit er zum Einsatz kommen kann, bedarf es zuvor eines intensiven Mobilitätstrainings. Es sind Mobilitätstrainerinnen und -trainer, die mit uns überlegen, welche Wege wir im Alltag benötigen, und sie dann Stück für Stück mit uns erarbeiten und uns so lange begleiten, bis wir sie verinnerlicht haben.

Die Förderschule für Blinde in Hannover ist auch heute noch eine Hauptschule. In der zehnten Klasse, die zum Realschulabschluss führt, waren wir nur noch zu dritt.

2. Internatszeit in Marburg - gymnasialer Zweig einer Förderschule

Im politischen Wendejahr 1989 begann meine Zeit in Marburg an der Lahn. Dort besuchte ich das Carl-

Strehl-Gymnasium für Blinde und Sehgeschädigte an der Deutschen Blindenstudienanstalt (blista). Mein ältester Bruder hatte zehn Jahre vor mir diese Schule besucht. Einige Lehrer konnten sich noch gut an ihn erinnern.

Im Unterschied zum Landesbildungszentrum für Blinde in Hannover ist das Internat der blista in Marburg dezentral organisiert. Das heißt, wir wohnten verteilt auf Wohngemeinschaften in ganz normalen Wohnungen in der Stadt. Wir hatten Nachbarn, einen täglichen Schulweg, wir nutzten öffentliche Verkehrsmittel, kauften selbstständig ein und gingen in Kneipen.

Die blista-Schüler prägten und prägen noch heute mit ihren Langstöcken das Marburger Stadtbild, ebenso wie akustische Ampelanlagen und im Umgang mit Blinden erfahrene Marburger Bürger, die sich deutlich weniger über die hörbaren Ampelsignale beschweren als mir aus anderen Städten Deutschlands bekannt ist. Dennoch erlebte ich in Marburg den „Klassiker der Hilfsbereitschaft", der wahrscheinlich vielen aus Witzen bekannt ist: An der großen Kreuzung vor der Elisabethkirche wartete ich auf Freunde. Eine Frau kam vorbei, griff meinen rechten Arm und zog mich ohne zu fragen bei der nächsten Grünphase mit auf die andere Seite der Straße. Dass ich dort gar nicht hinwollte, schien sie nicht zu interessieren. Auf der anderen Seite angekommen, drehte ich mich gleich wieder um, um auf die nächste Grünphase zu warten und zum Ort meiner Wahl zurückzukehren. Die Frau ging weiter und schimpfte lautstark über meine Unfreundlichkeit: „Da will man helfen und bekommt keinen Dank!"

Für meine Begriffe war auch die Marburger Schule optimal ausgestattet. Ob für den naturwissenschaftlichen oder geisteswissenschaftlichen Unterricht – es standen entsprechende Lehr- und Lernmittel zur Verfügung. Und wenn es sie einmal nicht gab, wurden sie in einer eigens dafür eingerichteten Werkstatt angefertigt.

Wir konnten uns auf vielfältige Weise in den Bereichen Kunst, Musik und Sport bewegen und wurden dabei ermutigt, Neues auszuprobieren. Ich entdeckte für mich den Langstreckenlauf, lernte Gitarre zu spielen und nahm Klavierstunden.

In meiner Wohngruppe waren wir zu viert. Wir wohnten in einer alten Villa, am Hang gelegen. Aus meinem Zimmerfenster hatte ich einen direkten Blick auf das Marburger Schloss. Sehen konnte ich es nur in der Dunkelheit, denn dann wurde es angestrahlt. Vor dem Fenster stand mein Schreibtisch. An ihm saß ich nicht nur, um zu lernen, sondern auch um Briefe zu schreiben und zu lesen. Ich hatte viele Pfadfinder- und Taizé-Bekanntschaften. Zu dieser Zeit schrieb ich meine Briefe noch mit der Hand. Mit einem schwarzen Filzstift malte ich Buchstabe für Buchstabe auf das Papier. Da mich das Schreiben sehr anstrengte, fielen meine Briefe recht knapp aus. Auch das Lesen von Briefen fiel mir zunehmend schwer. Für die Lupe reichte mein Sehrest nicht mehr aus. Ich benutzte ein Bildschirm-Lesegerät. Dabei musste ich das beschriebene Blatt auf einem Rollbrett unter einer Kamera hin und her bewegen. Die Schrift erschien auf einem Bildschirm. Es war schwierig für mich, die Zeilen in der Spur zu halten, so dass ich sie schnell aus den Augen verlor. Da ich in meinem Gesichtsfeld nur zwei Buchstaben auf einmal sehen konnte, musste ich mir die Worte und Texte mühsam erarbeiten.

Bei einer Taizé-Fahrt mit Freunden aus Helmstedt in den Herbstferien 1991 lernte ich ein 16-jähriges Mädchen aus Hessen kennen. Ich verliebte mich in sie und sie sich in mich. Wir planten, uns nach den Ferien zu besuchen. Die räumliche Entfernung zwischen Marburg und ihrem Heimatort in der Nähe von Frankfurt schien uns verheißungsvoll gering. Als viel höher, ja geradezu unüberwindbar, entpuppte sich dann jedoch eine ganz andere Hürde zwischen uns: Ihre Eltern erlaubten nicht, dass wir uns wiedersahen. Sie begründeten ihre Ablehnung mit meinem Alter (denn ich war schon 19 und damit volljährig) und der Tatsache, dass ich blind sei. Das schwere Schicksal an der Seite eines behinderten Mannes wollten sie ihrer Tochter (gegen deren Willen!) „ersparen". Trotz des Angebotes professioneller pädagogischer Begleitung seitens der blista ließen sich die Eltern nicht auf ein Kennenlernen ein und wir mussten unseren Traum begraben – ein schmerzhafter Prozess auf beiden Seiten. Da technische Möglichkeiten wie SMS, E-Mails, WhatsApp und Vorleseprogramme damals noch nicht existierten, blieben uns nur zwei Wege, miteinander in Kontakt zu bleiben: Briefeschreiben und Telefongespräche, wenn ihre Eltern einmal nicht zu Hause waren. Aus Kostengründen waren Ferngespräche jedoch zeitlich stark begrenzt und höchstens einmal pro Woche finanzierbar. Sie schrieb so schöne und lange Briefe! Ich verfluchte meine Sehbehinderung, denn ich konnte die vielen Seiten allein kaum bewältigen. Manchmal musste ich sie mir von Mitschülern vorlesen lassen, die besser sehen konnten als ich – eine schreckliche Einbuße an Privatsphäre! Wir schrieben uns noch mehrere Jahre.

Als ich Marburg bereits verlassen hatte und sie nach dem Abitur zu Hause ausgezogen war, besuchte ich sie für einen Nachmittag in der Einrichtung, in der sie ihr FSJ ableistete. Rückblickend haben wir verstanden, dass unsere damalige Begegnung von vielen Missverständnissen geprägt war, die zu einem großen Teil auch durch meinen Schreibstil hervorgerufen worden waren: Die Herausforderung, mit einem sehr eingeschränkten Sehrest unter Hilfsmitteln Schwarzschrift-Briefe zu lesen und zu schreiben, wirkt sich unweigerlich auf den Schreibstil aus, der „die Würze in der Kürze" sucht. Im ökonomischen „Ergebnisprotokollstil" lassen sich Alltagserlebnisse, Gedankengänge oder Empfindungen aber einfach nicht in der Ausführlichkeit beschreiben, die über eine so lange zeitliche und so große räumliche Distanz notwendig gewesen wäre. Dieser Grenze fiel unsere Liebe damals zum Opfer – zum letzten Mal schrieben wir uns 1998, dann hörten wir 17 Jahre nichts mehr voneinander.

1993 kaufte ich meinen ersten Rechner mit Drucker. Meine Briefe verschickte ich nun immer häufiger in gedruckter Form. Ich war froh über diese Möglichkeit, denn mit der Hand zu schreiben, war nun bald gar nicht mehr möglich und schon lange waren der damit verbundene zeitliche Aufwand und die Anstrengung neben schulischen Verpflichtungen nicht mehr vertretbar. Doch auch mit verbesserter Technik kam es zu Verlusten: Eine langjährige Brieffreundin störte sich an der Form des Computerausdrucks. Die Briefe erinnerten sie an Geschäftsbriefe und sie empfand sie als zu unpersönlich. Zwar konnte ich ihr die Gründe für die Form meiner Briefe bei einem persönlichen Treffen in Marburg erläutern – dennoch half ihr dies offenbar nicht dabei, über die Form hinwegsehen zu können. Wir schrieben uns nicht mehr.

Während meiner Internatszeit in Marburg fuhr ich nur sehr selten nach Hause. Ich kann mich noch gut an das Heimfahrtwochenende erinnern, an dem ich zum letzten Mal mit meinem Fahrrad unterwegs gewesen bin. Als ich mich bereits auf der Straße befand, merkte ich, dass es eigentlich schon gar nicht mehr ging. Äußerst unsicher fuhr ich den bekannten Weg zum Bauernhof. Manchmal hupten mich Autofahrer an, weil ich zu weit auf die Fahrbahn geraten war. Es war wirklich eine sehr gefährliche Fahrt. Zurück schob ich mein Fahrrad. Traurig stellte ich es in der Garage ab. Einige Jahre später schenkte ich es einem Mitstudenten. Vom Radfahren musste ich mich jedoch nicht vollständig verabschieden: Ich kaufte mir ein Tandem.

In meinem Jahrgang entwickelte sich ein enger Zusammenhalt unter den Mitschülern. Hier schlossen wir Freundschaften fürs Leben. Wir genossen die Jahre in Marburg und kosteten sie aus. Wir wussten, dass nach der blista-Zeit die Bedingungen für uns nicht mehr so gut sein würden. Auf uns wartete die (Arbeits-)Welt der Sehenden, in der wir uns erst einmal bewähren müssen. Als es dann so weit war, wagten wir den Sprung: Mit dem Abitur in der Tasche machten wir uns gut gebildet und vielfältig interessiert auf zum Studium an Universitäten im ganzen Land. Gut vorbereitet waren wir jedenfalls. Ich entschied mich für das Biologiestudium.

3. Wo Inklusion an ihre Grenzen stößt – Ein Plädoyer für den Erhalt von Förderschulen

Dass ich heute mit so viel Optimismus und Zuversicht durch das Leben gehe, verdanke ich zu einem großen Teil meiner Zeit im Landesbildungszentrum für Blinde (LBZ) in Hannover sowie in der Deutschen Blindenstudienanstalt (blista) in Marburg an der Lahn. Ich habe von Förderschulen und den dazugehörenden Internaten profitieren können, in denen ich erst einmal grundsätzlich gewollt, anerkannt und wertgeschätzt worden bin. Ich konnte mich in einer Komfort-Zone bewegen, in der ich mir meine Selbstwirksamkeit erschließen und ein starkes Selbstvertrauen ausbilden konnte. Durch die vielfältigen Möglichkeiten und Angebote konnte ich mir meiner Begabungen und Fähigkeiten bewusst werden. Ich durfte einfach blind sein, ohne mich rechtfertigen zu müssen, wenn ich eine Unterstützung benötigte. Dort hatte ich die Mittel zur Verfügung, die ich brauchte, um eigene Ideen zu verwirklichen, und ich durfte meine Bedürfnisse äußern, ohne die Befürchtung haben zu müssen, ausgelacht zu werden oder als maßlos zu erscheinen. Ich konnte sein und werden, wurde mit vielem ausgestattet, um mich später in der Welt draußen zurechtzufinden, und mir wurde Mut gemacht, meine eigenen Pläne für die Zukunft zu schmieden.

Das Leben und Lernen in einer Einrichtung für Menschen mit Behinderungen bedeutete für mich nicht, aus der Gesellschaft ausgeschlossen zu werden, sondern bot mir den nötigen Schutz und Rückhalt, gerade in ihr bestehen zu können. Internat und Förderschule bedeuten nicht, keinen Kontakt zur Außenwelt zu haben, sondern bieten die Möglichkeit, ihn wohldosiert und auf Augenhöhe zu gestalten.

In Hannover nahm ich am Leben meiner Kirchengemeinde teil. In der Firmvorbereitung schloss ich Bekanntschaften. Besuchten sie mich im Internat, war ich auf ihre Hilfe nicht angewiesen. Dort kannte ich mich aus, konnte ich mich frei bewegen, bot ich ihnen beispielsweise etwas zu trinken an. In Marburg sang ich im Ökumenischen Studierendenchor und war als Trommler Mitglied einer Folk-Band.

Meiner Meinung nach hat sich in der Bundesrepublik Deutschland ein Förderschulwesen entwickelt, das überwiegend sehr gute Lernbedingungen für Menschen mit unterschiedlichsten Behinderungen bietet. Wir haben ausgezeichnete Sonderschulpädagoginnen und -pädagogen, die mit einer großen Methodenkompetenz und Kreativität ihren Unterricht so gestalten, wie es den Bedürfnissen der Schülerinnen und Schüler entspricht.

Ich höre von Eltern, die unbedingt wollen, dass ihre behinderten Kinder auf eine Regelschule kommen, da sie es nicht übers Herz bringen, sie einem Internat anzuvertrauen. Ich höre von inklusiv beschulten Kindern und Jugendlichen an Regelschulen, die nachmittags den gesamten Unterricht des Tages aufbereiten müssen, wodurch ihr Leben ausschließlich aus Schule besteht und für Freundschaften und Freizeitaktivitäten kaum noch Zeit bleibt. Ich höre von Regelschullehrerinnen und -lehrern, die durch Schülerinnen und Schüler mit besonderem Förderbedarf in ihren großen Klassen überfordert sind. Ich höre von frustrierten Förderschullehrerinnen und -lehrern, die die sogenannten Inklusionskinder für wenige Stunden in der Woche in den Regelschulen besuchen und in dieser kurzen Zeit kaum die Möglichkeit haben, geeignete Bedingungen für die Schülerinnen und Schüler zu schaffen, und dass ihnen dafür auch nicht die entsprechenden Materialien zur Verfügung stehen. Ich höre von sehbehinderten und blinden Schülerinnen und Schülern, die nach mehreren Jahren Regelschule als sogenannte „Inklusionsopfer" an die blista kommen und mindestens ein Jahr brauchen, um psychisch stabilisiert zu werden.

Einen typischen Weg eines Betroffenen beschreibt ein blista-Lehrer so: Eine Zeit lang ging es für den inklusiv beschulten Schüler an der Regelschule relativ gut. Dann irgendwann schwindet oder verschlechtert sich das Sehvermögen, die anderen Schüler lesen schneller oder die Fachlehrer sind weniger hilfsbereit als zuvor. Es dauert ein bis drei Jahre, bis ein Schüler die Erkenntnis gewinnt, dass es so nicht mehr weitergehen kann, und bis die Familie realisiert, dass Konsequenzen gezogen werden müssen, und sie umsetzt. Damit hat der Schüler bis zu drei Jahre Frust erlebt: Isolation, Mobbing, ausbleibende schulische Erfolge, fehlende Lerninhalte und Kompetenzen.

Wenn ein Kind aufgrund schlechter Erfahrungen in der Regelschule beginnt, mit seinen Eltern abzuwägen, welche Schulform die geeignetere ist, rate ich zu einem schnellen Wechsel zu einer Förderschule mit Internat.

Grundsätzlich sollen Eltern die Wahlfreiheit zwischen Inklusion und Förderbeschulung haben. Eine staatliche Vorgabe ist abzulehnen. Um eine gute Wahl treffen zu können, braucht es eine erfahrungsbasierte und objektive Beratung, in der die individuellen Bedürfnisse und Fähigkeiten betroffener Kinder im Mittelpunkt stehen und nicht ausschließlich die Sicht der Eltern. Die Beratung folgt jedoch häufig politischen Vorgaben oder finanziellen Aspekten. Wenn z. B. ein regionaler Beratungslehrer, Klassenlehrer oder Schulleiter zu einer Förderbeschulung z. B. in Marburg rät, dann empfiehlt er das Kind aus seinem Zuständigkeitsbereich heraus. Für den Beratungslehrer bedeutet das, dass ihm ein Kind weniger in seinem Bereich zur Betreuung bleibt und er damit seinen eigenen Arbeitsplatz gefährdet. Der Klassenlehrer könnte so eingeschätzt werden, dass er Behinderte nicht mag, überfordert ist oder als Pädagoge versagt haben könnte. Für den Schulleiter kann es bedeuten, dass er den Vorgaben des Schulamtes, nämlich inklusiv zu arbeiten, nicht nachkommt und dadurch den Ruf der Schule schädigt.

Es gibt tatsächlich erfolgreiche Beispiele für Inklusion. Mir fällt es aber schwer, gute Gründe für eine allgemeine inklusive Beschulung von Kindern und Jugendlichen mit Behinderungen zu finden. Sicher kommt es auf die Art und den Grad der Behinderung an. Mit einem gut organisierten und tragfähigen Netzwerk kann inklusive Beschulung bei ausreichender finanzieller Ausstattung (Personalschlüssel!) gelingen.

Aus meiner Erfahrung ist es problematisch, wenn Schülerinnen und Schülern keine echten Leistungen abverlangt werden, wenn Lehrerinnen und Lehrer „das behinderte Kind" nicht überfordern möchten und es vermeiden wollen, „dem armen Kind" eine schlechte Note zu geben. Ein echtes Leistungsbild entsteht dann nicht. Aufgrund fehlender Chancen können sich Leistungs-

und Anstrengungsbereitschaft ebenso wenig entwickeln wie die Fähigkeit, Stress auszuhalten. Das ist dann eine unglaublich schlechte Vorbereitung auf das Leben, auf Ausbildung, Studium und Beruf.

Auch der Einsatz von sogenannten Integrationshelfern an Regelschulen muss differenziert betrachtet werden: Aus der Erfahrung von Blinden- und Sehbehindertenpädagogen ist er nur dann sinnvoll, wenn eine Assistenzkraft den inklusiv beschulten Kindern im Unterricht zur Seite steht und ihrer eng gesteckten Aufgabe gemäß handelt. Die Aufgabe besteht darin, die Sehminderung etwa durch Tafel-Vorlesen, Buchseiten-Finden und anderes zu kompensieren. Problematisch wird es dann, wenn Integrationshelfer über diesen eigentlichen Aufgabenbereich hinaus tätig werden. Berichtet wird hier, dass Integrationskräfte dem Kind zusätzlich viele Aufgaben abnehmen, z. B. den Laptop tragen (für einen Blinden kein Problem!), den Laptop aufbauen und bedienen; den Lernstoff wiederholen, zusammenfassen und bei den Aufgaben auch inhaltlich helfen. Die inklusiv beschulten Kinder sind durch die Begleitung eines Erwachsenen im Schulalltag oft an diese Person gebunden. Ein engerer Kontakt zu den gleichaltrigen Mitschülern bleibt aus, da in den Pausen noch mit dem Integrationshelfer nachgearbeitet und etwa die Technik für einen Raumwechsel umgebaut wird. Für Kontakt zu Mitschülern bleibt wenig Zeit. In solchen Fällen wird ein Integrationshelfer eher zum „Isolationshelfer".

Kritisch ist hier die geringe Bezahlung der Integrationshelfer zu erwähnen (meist Mindestlohn) und damit verknüpft das Problem der bislang fehlenden Professionalisierung des Berufsbildes „Integrationshelfer/-in".

Interessant finde ich den Ansatz der blista Marburg, Inklusion einmal andersherum zu denken, nämlich in die Förderschule sehende Schülerinnen und Schüler aufzunehmen. Es handelt sich hierbei um eine begrenzte Anzahl Sehender, damit der Schwerpunkt „Förderschule" inhaltlich und methodisch erhalten bleibt.

Ich denke, auch mit einem Abschlusszeugnis einer Regelschule werden inklusiv beschulte Schülerinnen und Schüler hinter ihren Möglichkeiten zurückbleiben. Entscheidend ist, dass Schülerinnen und Schüler mit besonderem Förderbedarf die Schulabschlüsse erhalten können, die ihnen entsprechen und die sie anstreben. Die Art der Behinderung darf Kinder und Jugendliche nicht auf eine bestimmte Schulform festlegen.

IV. Fasziniert von der Wissenschaft vom Leben

1. Mein Biologiestudium in Braunschweig

Im Wintersemester 1993/94 begann ich mein Biologiestudium. Über einen Härtefallantrag bekam ich einen Studienplatz an der Technischen Universität in Braunschweig. Ich bezog eine Studentenbude im Verbindungshaus der Katholischen Deutschen Studentenverbindung (KDStV) Niedersachsen im Cartellverband (CV). Ich wurde Mitglied der Verbindung. Nicht zuletzt durch die Unterstützung meiner Bundesbrüder schaffte ich es, das Studium in der Regelzeit zu Ende zu bringen, zu Beginn mussten jedoch erst einmal einige Steine aus dem Weg geräumt werden.

In meinem Semester fand ich schnell Kommilitonen, die bereit waren, mit mir zusammenzuarbeiten. Während der Vorlesungen berichteten sie mir, was vorne zu sehen war, und wir bildeten Labor-, Exkursions- und Lerngruppen. Den mit ihrer Unterstützung verbundenen Mehraufwand konnte ich mit finanziellen Mitteln aus der Eingliederungshilfe entlohnen. Für beide Seiten eine vorteilhafte Situation, denn so konnten sie Studium und die Finanzierung ihres Studiums miteinander verbinden.

Deutlich schwieriger erwies sich die Aufgabe, einige Professoren von meinem Vorhaben zu überzeugen, als Blinder zu studieren. Ein Professor prüfte rechtliche Mittel, um mein Biologiestudium zu verhindern. Erst ein Erfahrungsbericht eines Biologieprofessors der Universität Marburg brachte Ruhe in diese Angelegenheit. Inzwischen hatten der AStA und die Fachschaft Bio an der Uni für mich ein Wort eingelegt. Über meine Bundesbrüder erfuhren Professoren aus anderen Fachbereichen von mir, die sich mit mir trafen und sich bei ihren Kollegen und der Universitätsleitung für mich einsetzten. Dennoch kam es immer wieder zu verstörenden Begegnungen und Erlebnissen. Während einer unserer ersten Laborstunden in anorganischer Chemie kam beispielsweise der Professor zu mir, packte mich am Kragen meines Laborkittels und zog mich aus dem Labor. In seinem Büro fragte er mich, wie ich denn auf die „verrückte Idee" gekommen sei, Biologie studieren zu wollen. Er freue sich zwar über mein Interesse, doch für einen Blinden sei das nichts.

In der Anfangsphase meines Studiums erhoffte ich mir Hilfe und Unterstützung von der Studierendenberatung. Ich ließ mir einen Termin bei der Schwerbehindertenbeauftragten geben in der Erwartung, dort professionell beraten zu werden. Ein Bundesbruder begleitete mich zu dem Termin. Als Antwort auf meine Frage, über welche Unterstützungsangebote die TU Braunschweig denn für Studierende mit Behinderung verfüge, schob mir die Schwerbehindertenbeauftragte einen Zettel mit Gesetzestexten in Schwarzschrift über den Tisch mit dem Hinweis, sie hätte mir einige Stellen angekreuzt, die interessant für mich sein könnten. Die solle ich mir mal durchlesen – mehr könne sie für mich nicht tun. Einen blinden Biologiestudenten habe es an der TU bisher noch nicht gegeben. Für einen kurzen Moment dachte ich, dass das Biologiestudium tatsächlich nichts für mich sei. Auch mein Begleiter verlor die Fassung. Als er sie wiedergewonnen hatte, zweifelte er lautstark die Kompetenz der Schwerbehindertenbeauftragten an und wies sie darauf hin, dass genau das doch ihr Job sei: sich für die Belange Behinderter im Studium einzusetzen, auch wenn sie persönlich vielleicht das erste Mal mit einem Blinden in Kontakt komme. Dann gingen wir zurück in unser Verbindungshaus und tranken ein Bier.

Gelegentlich bekam ich mit, wie Professoren und wissenschaftliche Mitarbeitende auf dem Gang über mich sprachen. Die einen voller Achtung und Wertschätzung, die anderen abschätzig. Mir war schon klar, dass es für Blinde geeignetere Studiengänge gab. Doch war mein Interesse an Biologie als der Wissenschaft vom Leben so stark, dass ich das Studium trotz aller Erschwernisse „durchzog". Wenn auch mein Sehrest inzwischen immer kleiner geworden war, konnte ich im Grundstudium mit Hilfe eines besonderen Mikroskops Einblicke in unterschiedlichste Zellstrukturen erhalten. Eine Videokamera nahm meine Präparate auf, die dann auf einem großen Bildschirm zu sehen waren. Solch ein Mikroskop durfte ich stolz mein Eigen nennen. Es wurde ebenfalls von der Eingliederungshilfe finanziert. Die Vielfalt des Lebens im Mikroskop bestaunen zu können, machte mich glücklich und brachte mich meinem Schöpfer näher. Nach dem Vordiplom reichte mein Sehrest nicht mehr zum Mikroskopieren. Schweren Herzens verkaufte ich mein Mikroskop an das Institut für Mikrobiologie. Ich brachte es gemeinsam mit einem guten Freund dorthin.

Im Verbindungshaus verbrachten wir so manchen Abend in geselliger Runde in unserer Kellerbar. Häufig luden wir Mitstudierende ein und es kam zu sehr angeregten Diskussionen. Eines Abends saß an meinem Tisch eine Studentin der Humanbiologie. Sie erzählte begeistert, dass es nur noch eine Frage von Jahren sei, bis die Wissenschaft Erbkrankheiten endlich im Griff habe. Vorgeburtliche Tests würden sie in Zukunft verhindern. Meinen Einwand, dass es doch Aufgabe der ganzen Gesellschaft sei, Menschen mit Behinderungen zu unterstützen und ihnen, soweit es eben gehe, Teilhabe zu ermöglichen, begegnete sie mit dem Argument, dass das für die Gesellschaft auf lange Sicht zu teuer sei. Ich dachte an die Kosten für mein Mikroskop und an das Geld, das ich meinen Mitstudierenden für ihre Hilfeleistungen geben konnte. Zu teuer? Ich bemühte mich, Haltung zu bewahren. Ich denke, sie fand mich ganz nett. Ich nahm einen großen Schluck Bier und allen Mut zusammen und sagte: „Dir ist schon klar, dass du neben einem Erbkranken sitzt?" Ich erzählte ihr von meiner Augenkrankheit, von meinen Geschwistern und von meinen Freunden von der Blindenschule. Sie sagte nichts mehr. Sie trank ihr Glas aus und verließ schweigend die Kellerbar.

Während des Studiums in Braunschweig gab ich viel Geld zum Telefonieren aus. Mehrmals die Woche sprach ich mit Freunden aus meiner Abi-Clique. Wir teilten unsere Erfahrungen, trösteten und ermutigten uns. An Wochenenden besuchten wir uns gegenseitig. Gut, dass wir uns hatten und heute noch haben.

2. Arbeit im Naturschutz

Nach dem Studium zog ich für eineinhalb Jahre wieder in meine Geburtsstadt Helmstedt. Auf eigene Initiative fand ich Arbeit im Naturschutz und wurde Geschäftsführer eines regionalen Naturschutzvereines, der Arbeitsgemeinschaft Streuobst e. V. Dieser Verein setzt sich für den Erhalt und die Neuanlage von Streuobstwiesen ein. Bei den Vereinsmitgliedern hatte ich wegen meiner Behinderung keinerlei Akzeptanzprobleme.

Zum ersten Mal wohnte ich allein. Mein Büro konnte ich in meiner Wohnung einrichten. Für zwanzig Stunden in der Woche wurden mir die Mittel für eine Arbeitsassistenz im Rahmen der Eingliederungshilfe für Schwerbehinderte am Arbeitsplatz vom Land Niedersachsen gewährt. Die von mir in einem regulären Bewerbungsverfahren ausgewählte Arbeitsassistentin hatte die Aufgabe, mich bei der Büro- und Öffentlichkeitsarbeit zu unterstützen, Artikel aus Fachzeitschriften vorzulesen und mich bei Außenterminen zu begleiten. Ich war und bin in meinem Berufsleben auf Arbeitsassistenz angewiesen. Diese Art der Zusammenarbeit erfordert meinerseits klare und eindeutige Handlungsanweisungen. Zusätzlich gilt es, die Balance zwischen Hilfe-Annehmen und Mitarbeiterführung im Blick zu behalten. Zwischen mir und meiner Arbeitsassistenz muss die Chemie stimmen und es bedarf einer starken Vertrauensbasis.

In der Helmstedter Zeit bekam meine Augenkrankheit den finalen Schub. Über Nacht war ich kaum noch in der Lage, Konturen oder Gesichter zu erkennen. Für meine Orientierung im Raum und draußen konnte ich den nun nicht mehr messbaren Sehrest nicht mehr gebrauchen. Mit größter Mühe gelang es mir noch, Buchstaben auf meinem Bildschirm-Lesegerät zu entziffern.

Nach einem Jahr stand die Finanzierung meines Arbeitsplatzes im Naturschutz auf wackligen Beinen. Ich dachte, es sei gut, mich im Arbeitsamt über Alternativen zu informieren. Ich ließ mir einen Termin in der Beratungsstelle für Schwerbehinderte geben. Dort erlebte ich etwas Ähnliches wie einige Jahre zuvor in der Studierendenberatung in Braunschweig. Ich legte dem Berater mein Diplomzeugnis vor – ich saß ihm gegenüber als noch angestellter Diplom-Biologe mit den Schwerpunkten Angewandte Ökologie, Mikrobiologie und Siedlungswasserwirtschaft. Auch zeigte ich ihm meine Diplomarbeit, in der ich mich mit der biologischen Abbaubarkeit von Klärschlämmen beschäftigt hatte. Der Berater teilte mir mit, dass er überhaupt keine Idee für mich hätte. Es täte ihm sehr leid, doch einen blinden Biologen hielte er für unvermittelbar. Er versprach mir aber, dass ich mich in meiner eventuell bevorstehenden Arbeitslosigkeit nicht regelmäßig im Arbeitsamt melden müsse. Ich bedankte mich und ging. Aus der inneren Gewissheit, dass ich nicht arbeitslos werden würde, erkundigte ich mich privat bei potenziellen Arbeitgebern im Bereich Siedlungswasserwirtschaft. Mein Arbeitsvertrag wurde dann jedoch zum Glück für ein weiteres Jahr verlängert.

3. Grenzbeobachtungen eines Biologen

Für einen Biologen bedeutet naturwissenschaftliches Arbeiten zunächst einmal, zu beobachten und zu beschreiben. Wir versuchen Lebensformen voneinander abzugrenzen, zu definieren und zu systematisieren. Wir ordnen sie ein in Stämme, Klassen, Ordnungen, Familien, Gattungen, Arten und Unterarten. Dabei müssen wir erkennen, dass sich manche Lebensformen nicht so einfach in dieses System einordnen lassen. Dann gilt es zu erforschen, wo diese Lebensformen überall vorkommen, unter welchen Bedingungen sie existieren können und wie sie miteinander in Beziehung stehen, interagieren und aufeinander angewiesen sind. Schließlich können Maßnahmen vorgeschlagen und ergriffen werden, die dem Schutz einzelner Lebensformen und ganzer Beziehungsgefüge dienen. Solche Maßnahmenkataloge benennen, was Menschen auf der Basis des aktuellen Kenntnisstandes tun und lassen sollten, denn auch wir sind Teil dieser Beziehungsgefüge.

Dass sich Leben überhaupt entwickeln konnte, haben wir der Entstehung der Biomembran zu verdanken, einer Grenze, die zur Bildung von Zellen führte. Diese Zellmembran zeichnet sich dadurch aus, dass sie grundsätzlich zwei Räume, ein Innen und ein Außen, trennt, aber auch durchlässig ist für spezifische Stoffe und Informationen in beide Richtungen. Dies war der Beginn von biologischen Prozessen und die Voraussetzung dafür, dass Zellverbände, Mehrzeller und schließlich Organismen entstehen konnten. Pflanzliches Leben benötigt die Zellwand. Sie garantiert (zusammen mit dem Innendruck der Vakuole) Form und Stabilität.

Für den naturwissenschaftlichen Forschungsdrang von Menschen wirken Grenzen als Herausforderung, als Ansporn, sie zu überwinden. Wissenschaftlerinnen und Wissenschaftler entwickeln Instrumente und Geräte, mit denen sie sich in allen Räumen, Höhen und Tiefen bewegen und diese erforschen können.

Grundsätzlich sollte nicht vergessen werden, dass sich auch und gerade naturwissenschaftliche Arbeit in einem Spannungsfeld der Werte vollzieht: Forschungsergebnisse für sich genommen sind weder „gut" noch „schlecht". Führen sie einerseits zu wissenschaftlichem Erkenntnisgewinn, können sie andererseits für andere Ziele eingesetzt werden (unbegrenzter Raubbau in der Natur, Ausbeutung von Bodenschätzen, Entwicklung von Massenvernichtungsmitteln mit verheerenden Folgen für die gesamte Mitwelt …).

Zellbiologen haben beispielsweise Methoden entwickelt, um Veränderungen im Zellgenom, in der DNA, vornehmen zu können mit dem Ziel, Eigenschaften eines Individuums zu verändern, zu ermöglichen oder zu eliminieren. Generell hat der Fortschritt in der medizinisch-naturwissenschaftlichen Forschung (Entwicklung von Impfstoffen und Medikamenten, Diagnostik- und Operationsmethoden sowie Therapieansätze) für den Menschen ohne Zweifel viel Gutes gebracht. Doch die Frage bleibt: Darf der Mensch all das tun, wozu er in der Lage ist?

Für mich ist entscheidend, danach zu fragen, wo Forschung und Entwicklung der Menschheit und der Mitwelt dienen, wo sie Gesundheit erhalten und fördern, Teilhabe am gesellschaftlichen Leben ermöglichen sowie Vielfalt erhalten. Forschung und Entwicklung müssen dem umfassenden Schutz des Lebens sowie dem Prinzip der Nachhaltigkeit verpflichtet sein. Hier sind Politik und Ethikkommissionen gefordert, international geltende Standards zu entwickeln und durchzusetzen.

Zum Beispiel die Entwicklung und der Einsatz von atomaren, biologischen und chemischen Waffen stellt aus meiner Sicht eine eindeutige Grenzüberschreitung dar, die durch nichts zu rechtfertigen ist. Massenvernichtungsmittel haben auf der Erde einfach nichts zu suchen! Sie gehören geächtet.

Immer mehr ins gesellschaftliche Bewusstsein rücken auch die verheerenden Folgen des durch den CO_2-Ausstoß verursachten Klimawandels. Der Klimawandel bewirkt, dass sich Lebensräume verändern. Grenzen verschieben sich: Lebensformen wandern aus und ein. Manche Lebensformen sterben aus. Andere entwickeln Strategien, sich an die neuen Bedingungen anzupassen. Auch hier ist die Politik gefordert, Standards zu finden und für den Erhalt unseres Planeten notwendige Grenzen menschlichen Konsums aufzuzeigen.

V. Mit Gott an die Grenzen gehen

1. Theologiestudium und Diakonatsausbildung im Bistum Hildesheim

Sosehr mich biologische Vorgänge und die Auswirkungen menschlichen Handelns auf biologische Prozesse faszinieren, es zog mich doch immer mehr in Richtung Kirche. Als Pfadfinderleiter hatte ich in den vergangenen Jahren viele gute Erfahrungen machen dürfen und als Katechet gehörte ich einem Team an, das Jugendliche auf das Sakrament der Firmung vorbereitete. Ich merkte, dass ich meine Begabungen und Fähigkeiten gut im Gemeindeleben einbringen konnte, und mein Interesse für Theologie wuchs immer mehr.

Nun ging es darum, an meinem Lebensentwurf zu arbeiten, und in mir wuchs der Wunsch, Theologie zu studieren. Ich dachte darüber nach, Priester zu werden. Diakone hatte ich bis dahin noch nicht kennengelernt. Als eine Frau in mein Leben trat, entschieden wir uns für Ehe und Familie, doch der Wunsch, Theologie zu studieren, blieb und wurde immer stärker. Wir kündigten unsere Arbeitsplätze, brachen unsere Zelte ab und zogen ins Rheinland, damit ich in Sankt Augustin Theologie studieren konnte. Mein Theologiestudium startete im Sommersemester 2000 an dieser kleinen, übersichtlichen und familiären Hochschule, die durch ihre Internationalität sowohl unter den Lehrenden als auch unter den Studierenden geprägt ist. Finanziell unterstützt wurde ich dabei vom Bistum Hildesheim, das mich auch dazu ermutigte, mich mit dem Diakonat zu beschäftigen. Begeistert schlug ich diesen Weg ein und ich habe diese Entscheidung nie bereut.

Von Seiten der Hochschule, der Lehrenden sowie von Mitstudierenden erhielt ich die Unterstützung, die ich brauchte, um auch dieses Studium in der Regelzeit absolvieren zu können. Latein hatte ich bereits im Gymnasium gelernt, so dass ich „nur noch" Griechisch und Hebräisch lernen musste. Beide Sprachen lernte ich rein auditiv. Meine Frau hatte in der Schule Griechisch gelernt, so dass sie mich Vokabeln abfragen konnte. Ich ging voll in diesem Studium auf.

Ein Mitstudent konnte nur schwer ertragen, dass ich erfolgreich durch das Studium ging. In der Anspannung vor einer Prüfung brach es aus ihm heraus: Wütend äußerte er, man würde mich wegen meiner Behinderung bevorzugt behandeln und meine guten Noten bekäme ich „geschenkt". Auch wenn ich es schwer zu ertragen fand, hielt ich seine Worte aus und ging in die Prüfung, auf die ich mich diszipliniert vorbereitet hatte.

Zu meiner erblich bedingten Augenkrankheit kam in dieser Zeit der Graue Star hinzu. In ambulanten Operationen wurden beide Linsen durch Kunststofflinsen ersetzt. Mein Augenarzt erhoffte sich eine kleine Verbesserung meines Sehrestes. Trotz einer zusätzlich verordneten Brille blieb diese jedoch aus. Während des Theologiestudiums stellte ich meine Arbeitsweisen komplett auf blindentechnische Hilfsmittel um. Mein Sehrest verschwand gänzlich und damit auch das Bildschirm-

Lesegerät von meinem Schreibtisch. Mein Rechner wurde mit einem Sprachprogramm ausgestattet.

Im Rheinland wurden wir Eltern unserer ersten beiden Kinder. Aus diesem Grund setzte ich alles daran, das Studium in nicht mehr als zehn Semestern zu beenden. Ich wollte meine Familie möglichst schnell auf finanziell gute Beine stellen.

Nach dem Vordiplom konnte ich mit der Diakonatsausbildung im Bistum Hildesheim beginnen. Diese fand überwiegend an Wochenenden in Hildesheim statt. Die für diese Ausbildung vorgesehenen Praktika konnte ich in Troisdorf absolvieren, wo wir wohnten. Es war alles andere als einfach, Studium, Diakonatsausbildung und Familienleben zu vereinbaren. Es war eine harte Zeit für unsere Ehe.

Nach meinem Theologiestudium übernahm mich das Bistum Hildesheim, zunächst als Diakonatsanwärter. Mit diesem Status konnte ich das letzte Jahr der Diakonatsausbildung durchlaufen und zugleich erste Erfahrungen im pastoralen Dienst sammeln. Jedoch war es für die Personalabteilung des Bistums gar nicht so einfach, einen Pfarrer zu finden, der mit mir zusammenarbeiten wollte. Sie äußerten die Befürchtung, dass ich ihnen wegen meiner Behinderung mehr Arbeit machen, als dass ich ihnen nutzen würde. Kennenlerngespräche lehnten sie ab. Schließlich fand sich ein Pfarrer, der mich samt meiner Familie herzlich empfing. Wir zogen nach Stade, an die Unterelbe zwischen Hamburg und Cuxhaven. Im Pastoralteam wurde ich sehr gut aufgenommen. Ich stellte eine Arbeitsassistentin ein und fand recht schnell meine Aufgaben und Arbeitsfelder. Besonders wichtig wurden für mich die Seelsorge im Altenheim und im Krankenhaus sowie meine Besuche in einem Wohnheim für mehrfach geistig und körperlich behinderte Menschen.

Nun hatte ich fast alle Bedingungen erfüllt, um als verheirateter Mann zum Diakon geweiht zu werden: Als Biologe hatte ich einen Beruf außerhalb der Kirche, ich hatte Theologie studiert, die Diakonatsausbildung absolviert und war mehr als fünf Jahre verheiratet. Eine Voraussetzung fehlte mir jedoch noch: das Weihealter. Für Verheiratete liegt es bei 35 Jahren. 2007 erreichte ich es, und ich wurde gemeinsam mit vier weiteren Brüdern im Dom zu Hildesheim von Bischof Norbert Trelle zum Diakon geweiht. Im selben Jahr kam unser drittes Kind zur Welt.

2. Arbeit als hauptberuflicher Diakon

Einige Wochen nach meiner Weihe fragte mich eine Frau aus Stade, ob ich denn nun jeden Sonntag das Evangelium verkünden und am Altar die Gaben bereiten müsse. Ich antwortete ihr, ja, denn das seien in der Messfeier die Aufgaben eines Diakons. Ich fragte, warum sie diese Frage stelle. Sie gab zur Antwort, es gäbe Gottesdienstbesucher, die meine Bewegungen im Altarraum als unästhetisch empfänden. Sie wisse ja, dass dies an meiner Behinderung läge und ich dafür ja nichts könne. Ich bedankte mich für ihre Rückmeldung. Nachdem sie mein Büro verlassen hatte, holte ich einmal tief Luft und bereitete mich auf den kommenden Sonntagsgottesdienst vor.

In Stade nahm ich wieder für einige Stunden Mobilitätstraining, um die wichtigsten Wege in meinem neuen Umfeld zu erlernen. Als ich einmal an einem Sonntagmorgen zum Gottesdienst unterwegs war, waren die Ampeln ausgeschaltet. Somit fehlte mir das akustische Signal, das ich zum sicheren Überqueren der Straße benötigt hätte. Ich stand an der Hauptstraße und wartete auf einen Moment, in dem ich keine Autos in der Nähe hörte. Plötzlich rief mir eine Stimme von der anderen Straßenseite zu, ich könne jetzt losgehen. Auf der Straßenmitte begegneten wir uns. Die Stimme gehörte zu einem Mann, der in seinem Rollstuhl an mir vorbeifuhr. Lachend wünschten wir uns einen schönen Sonntag.

In Gremien und Arbeitskreisen erlebte ich bei einigen Gemeindegliedern Verunsicherungen und Unsicherheit im Umgang mit mir. Vor dem Hintergrund, dass ich im alltäglichen Leben auf Hilfe angewiesen bin – zum Beispiel, dass ich zu meinem Platz am Tisch begleitet werden muss, weil ich ihn nicht sehe –, fiel es ihnen spürbar schwer, meine Kompetenzen anzuerkennen, die ich als Diplom-Theologe, Diakon und Mitglied des Pastoralteams besaß. Manche fragten nach einer Sitzung den leitenden Pfarrer, ob das, was ich vertrat und gesagt habe, denn richtig sei. Für manch priesterzentrierte Gemeindeglieder war ich ja auch „nur" ein Diakon, also im Vergleich zum Priester kein „richtiger" Geistlicher. Besonders habe ich noch in Erinnerung, dass ich in einer Besprechung von einer Frau einmal als „Halbgeistlicher" bezeichnet wurde.

Acht Jahre blieben wir in Stade. 2013 wurde ich versetzt und zog mit der Familie nach Göttingen. Die Wohnungssuche gestaltete sich äußerst schwierig. Selten bekamen wir Hinweise auf eine Wohnung, die grundsätzlich für uns geeignet gewesen wäre. Telefonierte ich dann mit den Vermietern, hörte ich mehrmals, dass sie lieber ein Paar mit Hund als mit drei Kindern nähmen. Schließlich sind wir doch fündig geworden.

Während ich noch dabei war, meine neuen Arbeitsfelder und Aufgaben zu finden, mich gemeinsam mit meinem neuen Arbeitsassistenten einarbeitete und mich dazu noch in einem Klärungsprozess befand, was meine Rolle und Kompetenzen im Pastoralteam betraf, bahnte sich im Privatleben eine schwere Krise an. Meine Frau stellte unsere Ehe in Frage und meinte, es sei besser, wir würden uns trennen.

Zunächst setzte ich alles daran, Ehe und Familie zu retten, und bestand auf einer Paartherapie. Die Therapie erwies sich dann jedoch nicht als Impuls zur Weiterführung unserer Ehe, sondern für mich als Begleitung aus ihr heraus. Die Paartherapie half mir, mich in gute, tragfähige Alternativen für mein Leben hineinzudenken, und verschaffte mir Zeit, mich auf ein „Leben danach" vorzubereiten. In unserem Familienleben waren Zuständigkeiten und Aufgaben klar verteilt. Nun musste ich mich fit machen für all das, was für mich als Blinden zwar nicht unmöglich, jedoch schwerer war als für meine sehende Frau und was deshalb zu Ehezeiten zu ihrem Bereich gehört hatte. Ich musste ein größeres Maß an Selbstständigkeit erlangen, um mich in meinem neuen Wohnumfeld im Alltag selbst versorgen zu können. Ich nahm wieder Mobilitätstraining.

Jede Trennung verlangt den Beteiligten viel ab. Solch eine Phase ist kräftezehrend und von starken Emotionsschwankungen, zermürbenden Gedanken und schlaflosen Nächten geprägt. Prozesse des Zurücklassens und des Neubeginnens überlagern sich. Manchmal wusste ich kaum, wo ich ansetzen sollte.

Da die Aufkündigung der Beziehung bedeutet, sich nicht mehr als Partner und Partnerin zu sehen, besteht die Gefahr, auf eingespielte, notwendige Rücksichtnahmen im Alltag nicht mehr ausreichend zu achten. Für mich als Blinden bedeutete dies zum Beispiel, in der Küche eine größere Vorsicht als bisher walten zu lassen, um mich nicht an heißen Teetassen oder an ungewohntem Ort liegengelassenen Messern zu verletzen.

Nachdem wir unseren Kindern die schwierige Mitteilung unserer Trennung überbracht hatten, entschloss sich der älteste Sohn, zukünftig mit mir zusammen zu wohnen. Gott sei Dank gab es keinen Rosenkrieg. Schnell fanden wir neue Wohnungen in der gleichen Stadt, was mir wichtig war, um als Vater weiter für meine Kinder erreichbar zu sein. Ein anderes, neues Leben begann. Ich atmete auf.

a. Verantwortung

Wenn ich heute auf diesen schweren Einschnitt in meinem Leben zurückblicke, erscheint es mir essentiell, verantwortet damit umzugehen. Ich bin ein sehr klarer und gewissenhafter Mensch und nicht frei von Schuld. Was mich tröstet: Auch nach dem Sündenfall Adams und Evas *(Gen 3)* sorgt Gott für sie. Er hat ihnen doch, wie all seinen Geschöpfen, seinen Atem eingehaucht, diesen lebenspendenden Geist. Sein Atem ist sein Ja zu uns Menschen und zu unseren Mitgeschöpfen. Er ist das Göttliche in uns, unverlierbar, unzerstörbar, heilig.

Der Sündenfall besteht zum einen in der Maßlosigkeit: Von allem dürfen sie essen, nur nicht von diesen Früchten. Ein weiterer Aspekt des Sündenfalls besteht darin, die Verantwortung von sich wegzuschieben. Adam macht Eva verantwortlich und Eva die Schlange. Auf mich selbst, z. B. auf meine Verantwortung für das Scheitern meiner Ehe bezogen, sage ich nicht mehr „sie hat sich von mir getrennt", sondern „wir haben uns getrennt".

Auch der blinde Bartimäus *(Mk 10,46–52)* wollte Verantwortung für sein Leben übernehmen: Er akzeptierte es nicht länger, auf tägliche Almosen angewiesen zu sein, und wurde laut; er setzte all seine Hoffnung in Jesus Christus. Durch Jesus gelang es ihm, seinen Bettlermantel abzuwerfen und damit seine Unmündigkeit, die man ihm auferlegt und in der er sich eingerichtet hatte. Der liebevolle Blick Jesu auf sein Leben machte ihn frei und gab ihm neue Bewegungsfreiheit in der Nachfolge Jesu. Ich kann mich gut wiederfinden in dem Bartimäus, der seinen Mantel abstreift. Für mich besteht dieser Mantel aus Vergangenem, aus Versäumtem, aus dem, was ich mal konnte und jetzt nicht mehr kann. Ich darf mich weiterentwickeln, darf werden.

Mit der Kraft des Heiligen Geistes kann ich meinen Weg erkennen und ihn entschlossen gehen. Und ganz wichtig: ihn auch wiederfinden. Denn Maßlosigkeiten und Grenzenlosigkeiten kenne ich auch von mir: auch ich stelle hin und wieder zu hohe Ansprüche an mich selbst und meine Mitmenschen.

In Bezug auf meinen Beruf definiere ich diesen Weg so: Ich möchte Diakon sein, ohne Wenn und Aber. Ich möchte nicht darüber klagen, was ich alles nicht kann, oder darüber, was mir nicht gegeben ist. Ich möchte meine Möglichkeiten nutzen und einsetzen. Ich möchte der Frohen Botschaft Raum verschaffen, in mir und durch mich. Erschaffe mir, Gott, ein reines Herz! *(Ps 51,12)*

b. Achtsamkeit in Beruf und Alltag

In meinem Berufsalltag bewege ich mich im Spannungsfeld zwischen Hilflosigkeit und Selbstständigkeit. Mein Arbeitgeber ermöglichte mir, mein Büro in meiner Privatwohnung einzurichten. Dass dadurch allein die täglichen Wege zum Büro und wieder nach Hause wegfielen, führte bei mir zu einer spürbaren Entlastung. Büro und Sprechzimmer konnte ich ganz und gar nach meinen Vorstellungen und Bedürfnissen einrichten, sodass ich mich im Kontakt mit Menschen, die mich als Seelsorger aufsuchen, absolut sicher fühle.

Für 25 Stunden in der Woche steht mir mein Arbeitsassistent zur Verfügung. Auch er muss in meinem Ordnungssystem arbeiten und dafür sorgen, dass es erhalten bleibt. Mit ihm erledige ich die Post, bereite ich Gottesdienste, Taufen, Trauungen und Beerdigungen, Vorträge, Gesprächsabende, Seminare und Schulungen für Freiwillige vor und wir fahren zusammen zu meinen unterschiedlichen Einsatzorten. Und auch vor Ort muss er mich führen. Ohne meinen Arbeitsassistenten könnte ich in meinem Beruf niemals so breit aufgestellt sein, wie ich es bin.

Ab und zu erhalte ich von Mitmenschen die humorvoll gemeinte Rückmeldung, dass es wohl gut sei, dass ich blind geworden bin, da ich sonst mit meinem Optimismus, meinem Erkundungs- und Tatendrang und meiner Kreativität für mein Umfeld kaum auszuhalten wäre. Je länger ich darüber nachdenke, kann ich dem etwas abgewinnen: Meine Blindheit bremst mich in einem guten Sinne aus, da ich große Teile meiner Kraft, Energie und auch Denkleistung einsetzen muss, um mein Blindsein gut in mein Leben integrieren zu können. Das zwingt mich in unabwählbarer Weise in eine gute Achtsamkeit im Alltag: Wenn ich koche, koche ich, wenn ich Musik höre, höre ich Musik, und wenn ich lese, dann lese ich ... Und trotzdem weiß ich, dass ich Menschen auch überfordere, wenn es um Dinge geht, die für mich getan werden müssen oder die ich mir wünsche.

c. Nähe und Distanz

Meine Wohnung und mein Büro habe ich nach meinen Bedürfnissen eingerichtet und gestaltet. Mein Ordnungssystem ist für manche Mitmenschen eine Last. Meinen Umgang mit Dingen empfinden manche Menschen als zwanghaft. Wenn ich beispielsweise den Küchentisch wieder gerade rücke und die Stühle an den Tisch stelle, wenn ich Dinge dort hinstelle, wo ich sie brauche und schnell wiederfinde, werde ich manchmal belächelt. Manche empfinden mein Verhalten als Kontrolle und fühlen sich in ihrer Bewegungsfreiheit eingeschränkt. Mit meinen Begabungen und Fähigkeiten werde ich immer mal wieder als Konkurrent erlebt. Manchmal spüre ich bei anderen Ärger darüber, wie ich trotz meiner Blindheit so arbeiten und wirken kann. Häufig spreche ich Dinge aus und an, die andere noch gar nicht gesehen haben. In Gesprächen, Seminaren und wenn ich einem Gottesdienst vorstehe, bin ich sehr präsent. Ich streite für meine Überzeugungen und möchte mit meinem ganzen Sein ein Zeugnis für meinen Glauben ablegen.

Wir Menschen sind mehr als unser Leib. Wir hören nicht da auf, wo unsere Haut uns umspannt. Wir strahlen in die Welt um uns herum aus, werden ein Teil von ihr und sie wird ein Teil von uns. Manche Menschen sind an meinem Leben und an meinen Zugängen zum Leben sehr interessiert. Sie entdecken in meinen Haltungen und meinem Umgang etwas, was auch ihnen guttun könnte, und sie beginnen, ihr Leben zu verändern. Ich freue mich sehr, wenn ich erfahre, dass Menschen meinen Lebenszugang als Impuls zur Verbesserung ihres eigenen Lebens nutzen konnten.

d. Eine Haltung des Dienens

Meinen Beruf oder vielmehr meine Berufung als Diakon verstehe ich gemäß der Haltung des Dienens, die Jesus bei der Fußwaschung eingenommen hat: In der Fußwaschung hat er seinen Jüngern sein Vermächtnis hinterlassen *(Joh 13,1–15)*. Begreift ihr, was ich an euch getan habe? *(Vers 12)*. Ich habe euch ein Beispiel gegeben, damit auch ihr so handelt, wie ich an euch gehandelt habe *(Vers 15)*.

Dienen und sich bedienen zu lassen, sind die Schlüssel zu einem gelingenden Leben. Beides darf in einer

Beziehung nicht fehlen. Woran litt Jesus eigentlich? Daran, dass er seine Jünger, seine Freundinnen und Freunde zurücklassen musste? Dass er verraten wurde? Dass er verspottet und misshandelt wurde? Dass er den Holzbalken nach Golgota tragen musste und gekreuzigt wurde? Litt er nicht vielmehr darunter, dass viele seiner Botschaft nicht geglaubt, nicht vertraut haben? Jesus ist gekommen, um Sünder, Kranke, Schwache, Menschen mit Behinderungen in die Mitte zu holen, in die Mitte der Gesellschaft. Und er litt und leidet noch heute darunter, wenn die Gesellschaft, die Gemeinschaft versagt, also all diese Menschen nicht bekommen, was sie zum Leben brauchen, wenn sie verachtet und ausgegrenzt werden, wenn sie als störend empfunden werden, wenn sie hören müssen: „Das geschieht dir recht, du hast doch selbst Schuld." Auch ich leide, wenn ich so etwas mitbekomme. Und ich bin froh, dass ich mich dann mit Christus verbinden kann, denn dann verspüre ich seine Solidarität.

e. Was ich brauche

Als Getaufte haben wir den Auftrag, die Frohe Botschaft zu verkündigen; unmissverständlich, weder weichgespült noch geglättet. Je öfter ich in der Kirche am Ambo stehe, desto klarer wird mir, was ich brauche, damit mir das auch immer besser gelingt: Ich brauche die Schönheit und Erhabenheit von Kirchen, ich brauche sie gegen die Gewöhnlichkeit der Welt. Ich brauche das Wissen um die leuchtenden Farben bunter Kirchenfenster, ich brauche ihren Glanz, ich brauche ihn gegen das schmutzige Braun, das in unserem Land an so manchem Ort wieder gesellschaftsfähig wird. Ich will mich einhüllen lassen von der herben Kühle der Kirchen. Ich brauche ihr gebieterisches Schweigen, ich brauche es gegen das geistlose Gebrüll radikalisierter Menschen und gegen das Geschwätz der Mitläufer. Ich brauche das Licht und die Wärme brennender Kerzen, ich brauche sie gegen die soziale Kälte im Land. Ich brauche den wunderbaren Klang der Orgel, ich brauche ihn gegen die schrille Lächerlichkeit der Marschmusik. Ich brauche die Gemeinschaft mit betenden Menschen, ich brauche sie gegen das tückische Gift der Oberflächlichen und Gedankenlosen. Ich brauche die mächtigen Worte der Bibel, ich brauche sie gegen die Diktatur der Parolen. Ich brauche die Feier der heiligen Zeichen, ich brauche dieses kleine Stück Brot, ich brauche es gegen die glückversprechenden Angebote unserer Konsumtempel. Eine Welt ohne Kirche möchte ich mir nicht vorstellen müssen.

VI. Der „ganz normale" Alltag eines Blinden

1. Hilflos und selbstständig

Wie sieht nun der „ganz normale" Alltag eines Blinden aus? Zu Teilen wurde schon aufgezeigt: Die beiden Begriffe „hilflos" und „selbstständig" beschreiben die Pole eines Spannungsfeldes, in dem ich mich bewege. Es sind Zustandsbeschreibungen, die auf der einen Seite totale Abhängigkeit bedeuten und auf der anderen Seite Selbstbestimmung und Selbstwirksamkeit.

Mein Schwerbehindertenausweis bescheinigt mir 100 % Schwerbehinderung. Die Merkzeichen im Ausweis machen klar, dass ich auf Begleitung angewiesen bin, da ich blind und somit indirekt gehbehindert bin. Aus diesen Gründen bekam ich auch das Merkzeichen „hilflos" zuerkannt. In einer für mich unbekannten und fremden Umgebung trifft all das absolut zu.

Nach meiner Blindenschulzeit war und bin ich nun selbst für die Einrichtung und den Erhalt meiner Komfort-Zonen verantwortlich. Dies gelang mir mal besser, mal schlechter. Meistens fand ich dafür Unterstützung, bisweilen bekam ich es mit Menschen zu tun, die es regelrecht verhindern wollten.

Ein intensives Training in lebenspraktischen Fertigkeiten, das ich in Internat und Förderschule erhielt, ermöglicht mir in meinem privaten Wohnbereich ein hohes Maß an Selbstständigkeit. Zu diesem Training gehören unter anderem Küchenorganisation und Kochen, Wäschemachen, Putzen und Körperpflege. Damit sich eine gut funktionierende Routine in alltäglichen Abläufen einspielen kann, bin ich auf eine gut durchdachte und nicht zu komplexe Ordnung meiner Dinge angewiesen. Solange ich alleine wohne, ist solch eine Ordnung gewährleistet. Sobald Mitbewohner hinzukommen, kann es schwierig und auch gefährlich werden. Halb offengelassene Zimmertüren, nicht an den Tisch geschobene Stühle, nicht zurückgelegte Küchenutensilien wie beispielsweise Küchenmesser sowie offen stehen gelassene Schranktüren bedeuten für mich eine große Verletzungsgefahr. Ich kann nur gut mit Menschen zusammenwohnen, die bereit sind, sich auf mein Ordnungssystem verlässlich einzulassen. Schon wenn der Flaschenöffner nicht dorthin zurückgelegt wird, wo er hingehört, habe ich ein Problem. Wo soll ich anfangen zu suchen? Ich habe die Erfahrung gemacht, dass Mitbewohner mein Ordnungssystem und meine Vorstellungen von Sauberkeit als übertrieben und zwanghaft empfanden sowie als Einschränkung ihrer Freiheit.

Ich muss mit den mir zur Verfügung stehenden Ressourcen gut haushalten und mir gründlich überlegen, wofür ich sie einsetzen möchte. Alles, was ich an Kraft-, Zeit-, Denk- und Merkressourcen für meine Unabhängigkeit verbrauche, kann ich für konkrete Aufgaben und Tätigkeiten nicht mehr abrufen. Das stößt bei Mitmenschen immer mal wieder auf Unverständnis und führt unweigerlich zu Interessenskonflikten. Es ist für mich sehr schwierig herauszufinden, was ich manchen Mitmenschen an Unterstützung und Hilfeleistungen zumuten und abverlangen kann. Ihre Bereitschaft, mir Arbeiten abzunehmen oder mir bei etwas zu helfen, wird auch davon beeinflusst, wie gut wir gerade zueinander stehen. Es gibt Menschen, denen es peinlich ist, mir im Supermarkt Produktinformationen vorzulesen oder mich auf Wegen zu führen, die ich allein nicht gehen kann.

Ich kenne Situationen, in denen mich meine Hilflosigkeit an den Rand der Verzweiflung brachte und ebenso meine Mitmenschen über die Maßen herausforderte. 1995 nahm ich an einer Begegnungsreise des Diözesanverbandes Hildesheim der Deutschen Pfadfinderschaft Sankt Georg nach Bolivien teil. Unsere Gruppe bestand aus aktiven Leiterinnen und Leitern. Über einen längeren Zeitraum haben wir uns öfter getroffen und uns gemeinsam intensiv auf diese Reise vorbereitet. Wir hatten uns aufeinander eingestellt und die Gruppe war bereit, mir die Hilfe zukommen zu lassen, die ich benötigte, um an der Reise teilzunehmen. An unsere Grenzen kamen wir, als wir gemeinsam mit unseren bolivianischen Pfadfinderfreunden auf einem alten Inkapfad im Hochgebirge der Kordilleren unterwegs waren. Für gut eine Woche hatten wir alles in unseren Rucksäcken und somit schwer zu tragen. Die ersten Etappen waren gut zu gehen. Der Weg führte durch verschiedene Vegetationszonen. Als Biologiestudent schlug mein Herz höher. Nachts schliefen wir unter freiem Himmel. Über uns kreisten die Geier. Schon diese Erlebnisse würden ausreichen, diese Tour nicht mehr zu vergessen. Als wir den höchsten Punkt erreicht hatten, folgte für uns alle der mit Abstand schwierigste Abschnitt. Der Abstieg verlief auf einem sehr schmalen und gerölligen Pfad. Links von uns ging es einfach nur mehrere hundert Meter in die Tiefe. Die Gefahr abzurutschen bestand bei jedem Schritt. Da ich meine Hände zum Abstützen an der Hangseite benötigte, konnte ich mich nicht bei meinen Begleitern festhalten. Jeder einzelne Schritt musste mir über mehrere Stunden angesagt werden. Meine Begleiter lösten sich immer wieder ab. Häufig brauchte ich Pausen. Es brauchte eine große Überwindung, wenn es weitergehen sollte. Langsam, ganz langsam kamen wir voran. Wir schafften diesen Weg. Als sich bei uns die Entspannung einstellte, flossen viele Tränen.

Meine aktive Zeit als Pfadfinderleiter endete, als ich im Jahr 2000 zum Theologiestudium ins Rheinland ging. Erst 2015 fuhr ich wieder mit den Göttinger Georgspfadfindern in ein Sommerzeltlager nach Dänemark. Mittlerweile war ich völlig erblindet, und mir fehlte mein Sehrest, so klein er auch zuletzt gewesen sein mochte. Ich befand mich gerade in der Ehekrise und hatte mir einige Tage vor Abfahrt einen Zeh am rechten Fuß gebrochen. Während der ersten Woche herrschte Dauerregen, der mir neben den üblichen Unannehmlichkeiten wie Matsch und Kälte zusätzlich die akustische Orientierung erschwerte: Es gelang mir nicht, mich auf dem Zeltplatz zurechtzufinden. Für fast alles brauchte ich Hilfe und wollte nur noch nach Hause. Ich war so sehr erschöpft, dass ich nicht mehr in der Lage war, nach Verbesserungsmöglichkeiten für meine Situation zu suchen, und sagte dies der Leiterrunde. Unser Roverleiter rief seine Roverrunde zusammen. Rover sind in der DPSG die 17- bis 21-jährigen Pfadfinderinnen und Pfadfinder. Nach kurzer Zeit hörte ich, wie sie begannen, Hölzer zuzusägen und zu bearbeiten. Es dauerte nicht lange und die Rover präsentierten mir einen gut durchdachten Handlauf aus Hölzern und Seilen, den sie für mich gebaut hatten. Mit diesem Handlauf erreichte ich selbstständig alle für mich relevanten Orte auf dem Zeltplatz wie etwa das Küchenzelt und die Lagerfeuerrunde. Ein Teilstück führte mich sogar zu meinem Pinkelbaum in den Wald. Dieser Handlauf brachte mir Erleichterung und ich fuhr nicht vorzeitig ab. In der zweiten Woche schien die Sonne.

Eine ähnliche Erfahrung wie in Bolivien machte ich 2016 bei Bergexerzitien in den italienischen Alpen. Mit einem Freund und einer Freundin, die mich bei dieser Tour begleiteten und mit denen ich mich vorab zum Bergtraining traf, meldete ich mich an. Eine Woche lang sollte es von Berghütte zu Berghütte gehen. Beruhigt durch die Einschätzung des Bergführers, dass die Strecke auf für mich zu bewältigen sei, machten wir uns auf den Weg. Doch bereits am ersten Abend war für mich die Grenze des Leistbaren erreicht. Hinter uns lag eine Etappe, auf der wir zweimal einen laut tosenden, recht breiten Gebirgsbach durchschreiten mussten und deren Aufstieg ich über längere Strecken nur auf allen vieren bewältigen konnte. Wieder mussten mir einzelne Schritte angesagt werden, und es bestand die Gefahr abzurutschen. Solch eine Bergtour wollte ich weder mir noch meinen beiden Begleitern zumuten. Wir beschlossen, uns am nächsten Morgen von der Gruppe zu verabschieden und zum Ausgangspunkt zurückzukehren. Von dort aus setzten wir unsere Bergexerzitien auf für mich geeigneten Wegen fort.

Ich habe mir vorgenommen, zukünftig auf solch waghalsige Unternehmungen zu verzichten. Es gibt in meinem alltäglichen Leben genug Herausforderungen, an denen ich wachsen und reifen kann.

2. Konzentration, Kompensation und Kontemplation

In meinem Bestreben nach Selbstständigkeit und Unabhängigkeit bediene ich mich der Strategien, die ich aus meiner Arbeit mit alten Menschen kennengelernt habe. Es sind Konzentration, Kompensation und Kontemplation.

Konzentration: Etwas mal eben schnell oder nebenbei zu tun oder zu erledigen, ist in der Regel von wenig Erfolg gekrönt. Auf das, was ich tun möchte, muss ich mich gut konzentrieren und Störungen möglichst ausschließen. Beispielsweise kann ich beim Kochen nicht das Radio laufen lassen. Ich besitze ausschließlich Sachen und Dinge, die ich auch benötige und benutze, und weiß genau, in welchem Schrank oder Regal sie zu finden sind.

Kompensation: Vieles, was mir in meinem beruflichen Alltag aufgrund meiner Blindheit nicht möglich ist oder sehr schwerfallen würde, kompensiert mein Arbeitsassistent. Wo es mir notwendig und sinnvoll erscheint, setze ich technische und elektronische Hilfsmittel ein. Informationen und Daten, die ich immer wieder benötige, versuche ich mir zu merken.

Kontemplation: Ich kann lange von schönen Urlaubsfahrten, Spaziergängen oder Tandemfahrten mit lieben Menschen zehren. Meinen Gedanken nachgehend oder im Gebet vertieft, verbringe ich gerne Zeit auf meinem Meditationshocker oder auf meiner Bank hinter dem Haus im Garten, die ich allein – mit meinem Kaffeebecher in der Hand – erreichen kann.

3. Technik, die mich begeistert

Manchmal frage ich mich, wie ich eigentlich ohne meine technischen, elektronischen und digitalen Hilfsmittel ausgekommen bin. Dieses Buch schreibe ich an meinem Laptop. Jeder Buchstabe, den ich tippe, wird mir angesagt, und ich kann mir meine Texte vorlesen lassen. Die Programme meines Rechners bediene ich mit Hilfe von Tastenfunktionen.

Für Notizen und für das Festhalten von Gedanken benutze ich ein digitales Diktiergerät. Selbst Hörbücher kann ich auf diesem kleinen handlichen Gerät speichern. Begeistert bin ich von meinem iPhone. Wenn mich Menschen beobachten, wie ich es bediene, sehen sie, dass ich mit meinen Fingern über eine schwarze Oberfläche streiche und tippe. Über einen Kopfhörer bekomme ich die Informationen, wo ich mich gerade im Menü befinde. Den Wecker stellen, Telefonnummern aufrufen oder im Internet nach Begriffen suchen geht direkt über Spracheingaben. Ich schätze sehr die Möglichkeit von Sprachnachrichten.

Ein Hilfsmittel ganz besonderer Art ist für mich ein Kamerasystem, mit welchem ich gedruckte Briefe und Buchseiten einlesen kann. Der Text wird mir dabei sofort in sehr guter Qualität vorgelesen. Ich empfinde es als ein großes Glück, ein Schwarzschriftbuch aus meinem Regal zu ziehen und selbstständig darin lesen zu können.

Ja, diese Hilfsmittel begeistern mich. Sie machen mir vieles möglich, doch den Sehsinn ersetzen sie nicht. Sie erhöhen meine Unabhängigkeit und helfen mir dabei, ein in großen Teilen selbstbestimmtes Leben zu führen, doch können sie die Mitarbeit und Unterstützung durch Menschen nicht ersetzen. Es ist für mich auch kein erstrebenswertes Ziel, überhaupt nicht mehr auf Hilfe durch Mitmenschen angewiesen zu sein. Jedoch tut es mir gut, das Maß meiner Abhängigkeit von Menschen durch den Einsatz von Hilfsmitteln verringern zu können.

Sobald ich nach meinen Hilfsmitteln greife, werfen sie mich auf meine Behinderung, auf meine Begrenztheit zurück, sagen sie mir: Du bist blind, du kannst nicht anders. Das hilft mir, ihnen nicht zu große Bedeutung zukommen zu lassen und nicht zu viel Hoffnung an sie zu knüpfen.

4. Mobilität: Zwischen Abwägen und Wagen

Ich bin sehr froh darüber, bestimmte Wege mit meinem Blindenlangstock alleine gehen zu können. Ich finde beispielsweise zu meiner Hausärztin, zur Apotheke, zum Friseur, zu einem Supermarkt und zu einer der Kirchen, in der ich arbeite. Jeden einzelnen dieser Wege erarbeitete ich mir mit einer Mobilitätstrainerin, die mir geeignete Orientierungshilfen wie Bordsteine, Laternenpfähle, Stromkästen und Unterschiede in der Pflasterung zeigte. Diese musste ich mir gut einprägen und die Wege so oft unter Beobachtung der Trainerin gehen, bis ich sicher genug war. Auch das Busfahren habe ich für manche Strecken gelernt sowie mich im Göttinger Bahnhof zurechtzufinden.

Als ich noch einen Sehrest hatte, war ich auch schon mit meinem Blindenlangstock zu Fuß unterwegs. Ich brauchte ihn jedoch weniger, um meinen Weg zu finden. Mein Sehrest reichte aus, um mich bei Tag an Wegrändern, Zäunen und Mauern zu orientieren und im Dunkeln an Straßenlaternen. Mein Langstock diente dazu, dass ich von anderen als Sehbehinderter im Straßenverkehr erkannt wurde, sowie dem Aufspüren von Hindernissen auf dem Weg. Deshalb konnte ich noch mehr Wege alleine bewältigen. Leicht fielen mir diese Wege dennoch nicht, denn meinen Sehrest zu nutzen strengte mich sehr an und führte nicht selten zu Kopfschmerzen und Verspannungen im Nackenbereich.

Allein unterwegs zu sein bedeutet für mich heute jedes Mal, ein Wagnis einzugehen. Ich darf nicht müde sein und benötige absolut alle Aufmerksamkeit und Konzentration, was mich viel Kraft kostet. Auch wenn ich meine Wege gut kenne, muss ich beim Gehen äußerst vorsichtig sein. Mal sind es Mülltonnen, auf dem Gehweg geparkte Autos oder Lkws, die mir den Weg versperren. Mal zwingt mich eine Baustelle auf die Straße und so manches Mal laufe ich in herabhängende Zweige, nicht selten mit anschließenden Kratzern im Gesicht. Manchmal ist es an der Bushaltestelle so laut, dass ich meinen Bus nicht höre. Es ist sehr schön, wenn mich andere Passanten auf Hindernisse aufmerksam machen und mich der Busfahrer ruft, wenn er mich an der Haltestelle sieht.

Einmal habe ich mich auf dem Weg zur Kirche St. Michael verlaufen. Es waren so viele Autos halb auf dem Gehweg geparkt, dass ich mit meinem Stock den Bordstein nicht mehr ertasten konnte und dadurch eine Querstraße nicht gefunden habe, die für meine Orientierung wichtig war. Als ich bemerkte, dass ich nicht mehr auf meinem Weg war, war ich nicht mehr in der Lage, allein zurückzufinden. Ich blieb stehen und wartete, bis ich hörte, dass sich ein Mensch näherte. Ich sprach ihn an und bat ihn um Hilfe. Ohne zu zögern brachte er mich bis an die Stelle zurück, die ich kannte und von der ich den Weg allein finden konnte. Dankbar ging ich weiter.

Wenn ich alleine mit dem Zug unterwegs bin, nutze ich auf den Bahnhöfen gerne den Mobilitätsservice der Deutschen Bahn und der Bahnhofsmission. Ich finde es großartig, dass es diesen Service gibt, und sage an dieser Stelle allen Mitarbeiterinnen und Mitarbeitern herzlichen Dank. Dieser Service lässt mich recht entspannt reisen. Auch bei Verspätungen werde ich beim Aussteigen aus dem Zug erwartet. Manchmal muss es dann sehr schnell gehen, um den Anschlusszug zu erreichen. Gekonnt werde ich durch Menschenmassen, die es ebenfalls eilig haben, geführt. Auch wenn ich meinen Langstock dabei sichtbar in der Hand halte, passiert es schon mal, dass ich heftig angerempelt werde. Da frage ich mich öfter: Wer ist hier eigentlich blind?

VII. Wo Familie und Gesellschaft an ihre Grenzen stoßen

1. Grenzerfahrungen eines Vaters

Dreimal wurde ich Vater. Jedes Mal ärgerte ich mich über die unvermeidlichen Fragen vieler Mitmenschen, wie „Was ist es denn?", „Wie groß ist es?", „Was wiegt es?". Auch wenn mir bewusst war, dass sie nett gemeint waren und ein gewisses Interesse dokumentierten, empfand ich sie als oberflächlich. Die schönste Frage, die ich gehört habe, lautete: *„Wer* ist es?" Denn darauf konnte ich mit einem Namen antworten. Doch als noch schlimmer als Fragen zu Körpergröße und -gewicht empfand ich den Kommentar „Na, Hauptsache, gesund!" Ja, dachte ich dann, und wenn nicht? Was wäre dann? Manches Mal sagte ich es auch laut. Eine Antwort bekam ich selten. Was möchten Menschen mit diesem Kommentar sagen? Bedeutet gesund gut, richtig oder „Glück gehabt"? Heißt dann krank schlecht, falsch oder Pech gehabt?

In der Auseinandersetzung mit diesem Kommentar merkte ich, wie sehr er mich selbst traf. Mich als Erbkranken, der gerade erst voll erblindet war. Manchen Menschen wurde unmittelbar nach ihrem Kommentar „Hauptsache, gesund" bewusst, dass sie damit auch eine Aussage über mich machten. Ich spürte dies an einer sich anschließenden Stille oder der plötzlichen Beendigung des Gesprächs. Wenn die Zeit blieb, erwiderte ich gerne: „Hauptsache, Mensch!"

Was ich sagen will: Mir geht es darum, in der Gesellschaft für gute Bedingungen für alle Menschen zu sorgen oder solche zu schaffen, ganz gleich, wie gesund oder krank Menschen auch sind. So jedenfalls verstehe ich mein Vatersein. Ich möchte für meine Kinder da sein, indem ich für sie Bedingungen, Rahmen, Ordnungen und Strukturen schaffe, erhalte und anpasse, durch die sie lernen, ihr Leben zu meistern. Als Vater sehe ich meine Aufgaben darin, ihnen Grenzen aufzuzeigen, die notwendig sind, um gesellschaftsfähig zu werden und zu bleiben, und ihre Anerkennung und Einhaltung konsequent einzufordern. Gerne dürfen sie sich diesbezüglich in der Pubertät an mir abarbeiten. Als Vater habe ich nicht die Rolle, für meine Kinder der beste Freund zu sein. Ich hoffe, das sind und werden andere.

Nach der Trennung zog mein ältester Sohn mit mir zusammen, meine Tochter und mein jüngerer Sohn mit ihrer Mutter. Während mein älterer Sohn weiterhin mit der Rücksichtnahme auf seinen blinden Vater leben musste, lernten die beiden anderen ein Umfeld kennen, in dem Blindheit keine Rolle mehr spielte. Für sie wurde nun vieles möglich, was mit ihrem blinden Vater nicht ging. Es gehörte und gehört für mich zu einer der schmerzlichsten Grenzerfahrungen, wenn mir von Menschen vorgeworfen wird, dass sie wegen meiner Behinderung auf vieles verzichten müssten. Gerade im familiären Kontext erlebte ich es als besonders schwer, da es offensichtlich den Menschen, die mir besonders nahestanden, nicht zu gelingen schien, sich in meine Situation hineinzudenken. Worauf muss *ich* denn alles verzichten? – Das Ausbleiben dieser Frage erlebte ich wie eine unüberwindbare emotionale Trennlinie.

Amüsant hingegen fand ich, dass es Menschen gab, die meinten, ich käme nur deshalb im Alltag klar, weil mein ältester Sohn bei mir wohnte. Nein, glauben Sie mir, das war und ist nicht der Fall! Sicher, für so manches brauche ich Hilfe. Doch dann kann ich bei meinen Nachbarn klingeln oder Freunde anrufen. Mittlerweile hat mein Sohn Abitur gemacht und ist ausgezogen, um eine Ausbildung zu beginnen. Ich bin stolz auf ihn und wir haben heute eine gute und stabile Vater-Sohn-Beziehung. Während der Zeit unserer „Zweier-WG" ging seine Mitarbeit im Haushalt allerdings gegen null. Dienste wurden auch nach mehrfacher Erinnerung nicht ausgeführt oder mit einem genervten Stöhnen versehen. Häufig wurden Absprachen und Ansagen nicht eingehalten. Was sich in meiner Wohnung abspielte, war das, was mir andere Eltern schildern, die auch Kinder in diesem Alter haben. Doch hinsichtlich meiner Blindheit war das, was ich im Umgang mit mir erlebte, nur sehr schwer nicht persönlich zu nehmen.

Ich hoffe, dass meine Kinder rückblickend einmal wertschätzend auf ihre gemeinsame Zeit mit ihrem blinden Vater schauen werden und sagen können, dass sie durch mich und mit mir Erfahrungen sammeln und Erkenntnisse gewinnen konnten, die ihr Leben bereichert haben.

2. Risiken und Nebenwirkungen medizinischer Errungenschaften

Was zeichnet eine Gesellschaft aus? Woran ist ihre Güte abzulesen? Für ein gelingendes Leben und Zusammenleben braucht es allgemein verständliche und anerkannte Werte und Normen sowie verbindliche Regeln, Gesetze, Konventionen, Vereinbarungen und Absprachen. Doch wie gehen wir Menschen mit solchen um? Wie gut kenne ich als Bürger der Bundesrepublik Deutschland meine Rechte und Pflichten? Und wie gehe ich eigentlich mit mir selbst um? Welche Auswirkungen hat meine mehr oder weniger stark ausgeprägte Selbstsorge auf mein Leben mit meinen Mitmenschen und der ganzen Mitwelt? Welche Haltungen nehme ich ein? Wofür stehe ich? Was will ich? Wofür und für wen setze ich mich ein?

Im Zuge der Aufklärung im 18. Jahrhundert formulierten Philosophen und Denker ihre Vorstellungen einer glückseligen Gesellschaft. Der Begriff geht auf den englischen Frühaufklärer, Philosophen und Staatsmann Francis Bacon (1561–1626) zurück. Das hierbei vorherrschende Menschenbild legte Wert auf den gesunden, starken, schönen und gebildeten Menschen. Ein besonders treffendes Beispiel stellt Schillers Aufsatz *Über das Erhabene* aus dem Jahr 1801 dar. Dieser Ideologie folgend machte man sich mit großangelegten Programmen und Maßnahmen zur Körperertüchtigung, Körperpflege und Bildung ans Werk. Staatslenker verfolgten mit diesen Maßnahmen auch eine stärkere Wehrhaftigkeit für den Fall einer kriegerischen Auseinandersetzung. Erbkranke und insbesondere psychisch kranke Menschen passten nicht in dieses Bild einer glückseligen Gesellschaft. Mit Hilfe der Eugenik sollten diese Menschen aus der Gesellschaft entfernt werden.

Wäre ich zu Beginn dieser Zeit geboren worden, hätte man mich wohl mit einsetzender Pubertät in einem gefängnisähnlichen Krankenhaus eingesperrt, um zu verhindern, dass ich mich fortpflanze. Im 20. Jahrhundert, zwischen 1920 (Schweden) und dem Ende des Zweiten Weltkrieges, wäre ich zwangssterilisiert oder gar getötet worden. Und heute? Würde ich heute, im Jahr 2019, gezeugt, bekäme meine Mutter aufgrund meiner Erbkrankheit die Möglichkeit, mich abtreiben zu lassen.

Mit Blick auf Menschen mit Trisomie 21 teile ich die Ansicht des Humangenetikers Wolfram Henn (Mitglied des Deutschen Ethikrates), der durch neuere und leichter verfügbare Methoden vorgeburtlicher Untersuchungen einen erheblichen Entscheidungsdruck auf werdende Mütter zukommen sieht:

>>Zum einen wird das Down-Syndrom noch mehr zur Zielscheibe vorgeburtlicher Suchstrategie, was die Akzeptanz geborener Menschen mit Down-Syndrom infrage stellt. Zum anderen erhöht sich der Druck, Pränataldiagnostik mit der Option eines Schwangerschaftsabbruchs in Anspruch zu nehmen. Es fällt immer schwerer, sich aus persönlichen, auch religiösen Gründen vorbehaltlos zu seinem werdenden Kind zu bekennen<< (*zitiert nach Brigitte Vordermayer: Nicht alles tun, was machbar ist. Auf: sonntagsblatt-bayern.de vom 18. September 2015).*

Eltern von Kindern mit Down-Syndrom müssen sich darauf einstellen, dass die kognitive und motorische Entwicklung in den ersten fünf Jahren halb so schnell verläuft wie die von sogenannten Regelkindern. Im Bereich des Sozialverhaltens und der Emotionalität zeigen viele dieser Kinder jedoch besondere Fähigkeiten.

So wurde in Studien festgestellt, dass sie „öfter eine aufgeweckte Stimmungslage haben, mehr auf Musik ansprechen und weniger anstrengend sind als gleichaltrige andere Kinder" *(Deborah J. Fidler: Das Entstehen eines Syndromspezifischen Persönlichkeitsprofils bei kleinen Kindern mit Down-Syndrom. In: Leben mit Down-Syndrom. Nr. 49, Mai 2005, S. 24).* Die Lebenserwartung von Menschen mit Down-Syndrom ist in den letzten Jahrzehnten deutlich angestiegen und liegt hierzulande bei etwa 60 Jahren, weil Begleiterkrankungen und Symptome heute in der Regel sehr gut behandelt werden können. Hier leistet die Medizin einen großartigen Beitrag zur Verbesserung der Lebensbedingungen von Menschen mit Trisomie 21.

Bezüglich der Folgen pränataler Diagnostik sprechen Humangenetiker und Medizinhistoriker heute von der „Eugenik von unten", vgl. Peter Propping und Heinz Schott im Deutschen Ärzteblatt, Jg. 111, Heft 46, 2014: *Vorgeburtliche Diagnostik: Hin zu einer Eugenik von unten?* Abtreibungen aufgrund medizinischer Indikation im großen Stil auf der einen Seite und medizinischer sowie technischer Fortschritt verbunden mit politisch durchgesetzten Inklusionsbemühungen auf der anderen Seite – widersprüchlicher kann eine Gesellschaft kaum sein. In der menschenverachtenden Anwendung medizinischer Errungenschaften zeigen sich deren Risiken und Nebenwirkungen.

VIII. Beobachtungen eines Theologen

1. Das Know-how des guten Hirten

Vor dem Hintergrund der sich fortwährend vergrößernden Reichweite menschlicher Handlungsmöglichkeiten bin ich als katholischer Christ, Theologe und Diakon der Überzeugung, dass die Rede von Gott in unserer Zeit nicht verstummen darf. Denn für das richtige Handeln braucht es ethische „Leitplanken", braucht es die Rede von dem Gott, der in der Bibel an mehreren Stellen als der gute Hirt der Menschen beschrieben wird. Also als ein Gott, der bei den Menschen wohnt und mit ihnen unterwegs ist, der sie ermutigt, ihren Weg zu gehen, der sie ermahnt, sich selbst und ihre Mitmenschen vor Überforderung zu schützen, der Wunden verbindet, heilt, versöhnt, Frieden stiftet, befreit, sättigt und sie durch sein Know-how, sein Wissen um die Sackgassen, Schluchten, Irrwege davor bewahrt, sich zu verirren.

Die Geschichte zeigt, dass sich die Menschheit aus sich heraus nicht einer aufsteigenden Bewegung folgend zum Guten entwickelt. Der technische und digitale Fortschritt führt nicht automatisch zu mehr Frieden, Gerechtigkeit und gesellschaftlicher Teilhabe. Für mich ist der Glaube an einen lebendigen und liebenden Gott, der alles geschaffen hat, eben auch uns Menschen, eine Kraft, auf die wir nicht verzichten sollten, wenn es darum geht, die Menschheit zu mehr Menschlichkeit zu führen. Religion, also die Rückbindung und Anbindung des Menschen an Gott, führt gerade nicht zu einer Unmündigkeit, aus der es gilt, sich zu befreien, sondern bewirkt im Menschen, sich unerschütterlich für Frieden und Gerechtigkeit, für die Würde des Menschen sowie die Bewahrung der ganzen Mitwelt, die ich als Glaubender Schöpfung nennen darf, einzusetzen.

Wenn Menschen ihre Religionen nicht pervertieren, nicht ad absurdum führen, also für die Durchsetzung eigener zwielichtiger Ziele und Macht missbrauchen, können sie dabei helfen, die Schere zwischen Arm und Reich zu verringern, ausbeuterische Machtverhältnisse zu beenden sowie dauerhaften Frieden innerhalb und zwischen Gemeinschaften, Völkern und Ländern zu sichern.

Die Beschäftigung mit Gott bedeutet für mich wesentlich, der Frage nachzugehen: Wie ist Gott? Zwei für mich und mein Leben bedeutsame Antworten lauten: Gott ist treu. Gott ist barmherzig. Gott gibt sich hinein in diese Welt, in unsere Zeiten und Räume. Er lässt uns Grenzen erkennen, die absolut notwendig sind um der Menschheit willen. Zugleich zeigt er uns die Grenzen, die es einzureißen gilt um der Menschheit willen. Im Psalm 18,30 heißt es: „Mit meinem Gott überspringe ich Mauern."

2.   Gesunde und ungesunde Grenzen

Die große Kunst besteht darin, diese „Mauern", die es zu überspringen gilt, von den „Mauern" zu unterscheiden, die lebensnotwendig sind. In meiner Seelsorge treffe ich immer wieder mit Menschen zusammen, die unter ihren Grenzerfahrungen leiden. Zu mir kommen Menschen, die um einen Verstorbenen trauern, Menschen, die vor zerbrochenen Lebensentwürfen, dem Ende einer Ehe oder Partnerschaft stehen, Menschen, die Schwierigkeiten haben, in ihrer neuen Lebensphase anzukommen, Menschen, denen es in ihrem direkten Umfeld nicht gelingt, ihre Bedürfnisse geltend zu machen, Menschen, die am Arbeitsplatz, in der Familie oder beim Freiwilligendienst überfordert sind, Menschen, die erniedrigende Grenzüberschreitungen erlitten und dabei schwere Verletzungen an Seele und Körper davongetragen haben, Menschen, die unter ihrer eigenen Krankheit oder Behinderung bzw. der eines nahestehenden Menschen leiden. Zunächst helfe ich den Menschen dabei, ihre erlebten Grenzen zu beschreiben, ins Wort zu fassen, sie auszudrücken – sie zu einem Betrachtungsgegenstand werden zu lassen. In einem nächsten Schritt geht es darum, diese Erfahrungen zu deuten, zu gewichten und einzuordnen. Schließlich gilt es, Strategien zu entwickeln, die erlebten Grenzen anzunehmen oder zu überwinden.

Für diesen Weg lege ich Menschen, die mich aufsuchen, gerne das Gebet um Gelassenheit ans Herz:

»Gott,
gib mir die Gelassenheit, Dinge hinzunehmen,
die ich nicht ändern kann,

den Mut, Dinge zu ändern,
die ich ändern kann,

und die Weisheit,
das eine vom anderen zu unterscheiden.«

Im Umgang mit erlebten Grenzen formuliere ich es gerne so:

»Gott,
gib mir die Gelassenheit, Grenzen hinzunehmen,
die ich nicht überwinden kann,

den Mut, Grenzen zu überschreiten,
die ich überwinden kann,

und die Weisheit,
das eine vom anderen zu unterscheiden.«

In der Betrachtung erlebter und persönlicher Grenzen geht es um die Fragen nach den Eigentümlichkeiten, nach der Identität, nach dem Ich im Verhältnis zum Du und Wir. Die Fragen lauten: Wer bin ich? Wer bin ich geworden? Wer möchte ich sein?

Seelsorge ist für mich die Vergewisserung des eigenen Seins im Sinne von Dasein, Sosein und Hiersein. Dasein bedeutet: Ich bin einfach da, ein Mensch, zu dessen Existenz ich nichts beigetragen habe. Sosein meint meine genetische Ausstattung sowie meine kulturelle und soziale Prägung, mein Geschlecht, meine sexuelle Orientierung, meine Begabungen und Fähigkeiten, mein Gemüt, meine Krankheiten und Behinderungen. Hiersein meint, dass ich ein Recht habe, hier zu sein, dass ich in Interaktion trete und mir Teilhabe ermöglicht wird, dass ich meine Bedürfnisse geltend mache und mich an Pflichten und Absprachen halte für ein gelingendes Miteinander.

Ich leide darunter, wenn ich merke, dass es Menschen nicht gelingt, Verantwortung für sich selbst zu übernehmen. Ich verstehe mein Seelsorgersein als Hilfe zur Selbsthilfe. Notwendige Entscheidungen kann ich den Menschen nicht abnehmen, sie müssen sie selbst treffen.

Um das eigene Sein gut in den Blick zu nehmen, arbeite ich in der Seelsorge gerne mit den Säulen der Identität. Hilarion Petzold *(Transversale Identität und Identitätsarbeit, 2012)* geht davon aus, dass unsere Identität von fünf Säulen getragen wird:

1. Leiblichkeit: Hierunter fällt alles, was mit dem Körper zu tun hat, beispielsweise die Gesundheit, das Wohlbefinden, die Belastungsfähigkeit, die Sexualität, das Aussehen; aber auch: Gefühle, Ängste, Sehnsüchte und Glaubenssysteme. Wie geht es mir? Bin ich zufrieden mit mir? Mag ich mich? Fühle ich mich in meiner Haut wohl? – Es geht in dieser Säule um Psyche, Körper und Seele.

2. Netz sozialer Beziehungen: Zu diesem zweiten Identitätsbereich gehören die sozialen Netzwerke. Die Familie, der Freundeskreis, der Kollegenkreis tragen wesentlich zur Identitätsbildung bei.

3. Arbeit und Leistung, Freizeit: Kann ich mich mit dem identifizieren, was ich tue? Passt die Balance zwischen Arbeit und Freizeit für mich? Bin ich vielleicht überfordert? Welche Tätigkeiten führe ich in meiner Freizeit aus? Erfüllen mich meine Tätigkeiten in Beruf und Freizeit? Fühle ich mich in meiner Arbeitsleistung gerecht bewertet und bezahlt?

4. Materielle Sicherheit: Unsicherheiten, Misserfolg und Erfolg im dritten Identitätsbereich wirken sich direkt auf die materielle Sicherheit aus (Geld, Nahrung, Wohnung, Kleidung). Sie ist existentiell. Fällt sie weg, bin ich unmittelbar in meinen Möglichkeiten massiv eingeschränkt.

5. Normen und Werte: Liebe, Hoffnung, Glaube, Sinnfragen, persönliche Werte und Normen tragen die Identität als 5. Säule. Hier geht es darum, was ich glaube, wofür ich stehe und eintrete. Das können politische oder religiöse Überzeugungen sein oder auch einfach die persönliche Lebensphilosophie.

Die persönliche Reflexion mit Hilfe der Betrachtung der fünf Säulen der Identität trägt dazu bei, mir meiner persönlichen Grenzen bewusst zu werden und derer, die mir durch Strukturen, Bedingungen, Umstände und andere Menschen gesetzt werden. Ebenso zeigt sie mir, was mich ausmacht und was ich kann. Sie stellt eine gute Grundlage dar, persönliche Ziele zu formulieren, herauszufinden, wozu ich bereit bin, und entsprechende Schritte zu beschreiben.

3. Die Sache mit der Zeit

Grenzen zu überwinden oder den richtigen Umgang mit ihnen zu entwickeln, geht nicht von heute auf morgen, sondern es braucht Zeit. Nun ist das mit der Zeit und dem rechten Augenblick so eine Sache. In der Bibel heißt es dazu im Alten Testament im Buch Kohelet:

»Alles hat seine Stunde. Für jedes Geschehen unter dem Himmel gibt es eine bestimmte Zeit:
eine Zeit zum Gebären und eine Zeit zum Sterben,
eine Zeit zum Pflanzen und eine Zeit zum Ausreißen der Pflanzen,
eine Zeit zum Töten und eine Zeit zum Heilen,
eine Zeit zum Niederreißen und eine Zeit zum Bauen,
eine Zeit zum Weinen und eine Zeit zum Lachen,
eine Zeit für die Klage und eine Zeit für den Tanz;
eine Zeit zum Steinewerfen und eine Zeit zum Steinesammeln,
eine Zeit zum Umarmen und eine Zeit, die Umarmung zu lösen,
eine Zeit zum Suchen und eine Zeit zum Verlieren,
eine Zeit zum Behalten und eine Zeit zum Wegwerfen,
eine Zeit zum Zerreißen und eine Zeit zum Zusammennähen,
eine Zeit zum Schweigen und eine Zeit zum Reden,
eine Zeit zum Lieben und eine Zeit zum Hassen,
eine Zeit für den Krieg und eine Zeit für den Frieden.

Wenn jemand etwas tut – welchen Vorteil hat er davon, dass er sich anstrengt? Ich sah mir das Geschäft an, für das jeder Mensch durch Gottes Auftrag sich abmüht. Das alles hat er schön gemacht zu seiner Zeit. Überdies hat er die Ewigkeit in ihr Herz hineingelegt, doch ohne dass der Mensch das Tun, das Gott getan hat, von seinem Anfang bis zu seinem Ende wiederfinden könnte.«

(Koh 3,1-11)

Alles hat seine Zeit: Hoffnung und Zuversicht, Verzweiflung und Angst, Freude und größtes Glück, Leid und Trauer. All diese Erfahrungen prägen unser Leben, unser Dasein, Hiersein und Sosein und lassen uns reifen. All diese Erfahrungen vermitteln uns Werte und lassen uns Haltungen einnehmen.

Wenn wir Gutes erleben, denken, sagen und hören wir häufig: Gott sei Dank! Wenn wir Leid erfahren und in Abgründe menschlichen Handelns blicken, denken, sagen und hören wir häufig: Gott, wo bist Du?

Alles hat seine Stunde, und Gott lässt sich zu jeder Zeit an jedem Ort finden. Und ich rede hier von einem Gott, dem wir Menschen am Herzen liegen, der ein echtes Interesse daran hat, dass unser Leben und Zusammenleben gelingt. Er lässt sich finden in der Schönheit der Natur, dort, wo Menschen achtsam mit ihr umgehen, und überall dort, wo Menschen liebevoll miteinander und mit sich selbst umgehen. Gott lässt sich genauso finden in der Sehnsucht von Menschen nach Leben und Liebe, im Ringen um die Wahrheit sowie im Einsatz von Menschen für die Verbesserung von Lebensverhältnissen.

4. Sinn und Last von Regeln

In meinen Grenzansichten darf auch die Beschäftigung mit Gesetzen, Regeln und verbindlichen Absprachen nicht fehlen. Hier zunächst zwei Erfahrungen:

• Ich hatte einmal die Gelegenheit, bei einer Abendveranstaltung in der Synagoge vom Leben einer jüdischen Gemeinde in Göttingen zu erfahren. Die Vorsitzende erzählte von den vielen Geboten und Verboten, die das jüdische Leben prägen. Sie wirken in alle Bereiche des menschlichen Lebens hinein und gehen sehr ins Detail. Als ich ihr zuhörte, habe ich mich gefragt, wie es überhaupt möglich sein kann, so viele Regeln zu befolgen. Doch in der Art und Weise, wie sie erzählte, spürte ich eine große Freude und Zufriedenheit in ihr. Sie beschrieb das Einhalten ihrer Regeln nicht als Last, sondern als etwas, was sie mit ihrem Gott verbindet, dem sie ihr Leben verdankt.

• Eine ganz andere Erfahrung mache ich immer wieder mit meinem Sohn, wenn es darum geht, verbindliche Absprachen zu formulieren, den Haushalt betreffend. Aufräumen und Putzen wird eher als lästig empfunden und die Sinnhaftigkeit dieser Tätigkeiten angezweifelt.

Jesus, der das jüdische Gesetz gut kannte, da es auch sein Leben durchwirkte, irritierte häufig Menschen mit seiner Art, es zu leben und zu befolgen. So kam es auch zu folgendem Gespräch:

»In jener Zeit ging ein Schriftgelehrter zu Jesus hin und fragte ihn: Welches Gebot ist das erste von allen? Jesus antwortete: Das erste ist: Höre, Israel, der Herr, unser Gott, ist der einzige Herr. Darum sollst du den Herrn, deinen Gott, lieben mit ganzem Herzen und ganzer Seele, mit deinem ganzen Denken und mit deiner ganzen Kraft. Als zweites kommt hinzu: Du sollst deinen Nächsten lieben wie dich selbst. Kein anderes Gebot ist größer als diese beiden.

Da sagte der Schriftgelehrte zu ihm: Sehr gut, Meister! Ganz richtig hast du gesagt: Er allein ist der Herr und es gibt keinen anderen außer ihm und ihn mit ganzem

Herzen, ganzem Verstand und ganzer Kraft zu lieben und den Nächsten zu lieben wie sich selbst, ist weit mehr als alle Brandopfer und anderen Opfer.

Jesus sah, dass er mit Verständnis geantwortet hatte, und sagte zu ihm: Du bist nicht fern vom Reich Gottes. Und keiner wagte mehr, Jesus eine Frage zu stellen.«

(Mk 12,28b-34)

Wie viele Regeln brauchen wir? Welche gilt es unbedingt zu befolgen? Welche sind überholt? Ohne Regeln kann eine Gesellschaft nicht bestehen. Im demokratischen Verständnis sollen Gesetze und Regeln den einzelnen Menschen in der Gemeinschaft schützen und ihm größtmögliche Freiheit verschaffen. Die ersten Artikel des Grundgesetzes für die Bundesrepublik Deutschland lauten:

- Artikel 1
  (1) Die Würde des Menschen ist unantastbar. Sie zu achten und zu schützen ist Verpflichtung aller staatlichen Gewalt.
  (2) Das Deutsche Volk bekennt sich darum zu unverletzlichen und unveräußerlichen Menschenrechten als Grundlage jeder menschlichen Gemeinschaft, des Friedens und der Gerechtigkeit in der Welt.
  (3) Die nachfolgenden Grundrechte binden Gesetzgebung, vollziehende Gewalt und Rechtsprechung als unmittelbar geltendes Recht.
- Artikel 2
  (1) Jeder hat das Recht auf die freie Entfaltung seiner Persönlichkeit, soweit er nicht die Rechte anderer

verletzt und nicht gegen die verfassungsmäßige Ordnung oder das Sittengesetz verstößt.

(2) Jeder hat das Recht auf Leben und körperliche Unversehrtheit. Die Freiheit der Person ist unverletzlich. In diese Rechte darf nur auf Grund eines Gesetzes eingegriffen werden.

- Artikel 3

(1) Alle Menschen sind vor dem Gesetz gleich.

(2) Männer und Frauen sind gleichberechtigt. Der Staat fördert die tatsächliche Durchsetzung der Gleichberechtigung von Frauen und Männern und wirkt auf die Beseitigung bestehender Nachteile hin.

(3) Niemand darf wegen seines Geschlechtes, seiner Abstammung, seiner Rasse, seiner Sprache, seiner Heimat und Herkunft, seines Glaubens, seiner religiösen oder politischen Anschauungen benachteiligt oder bevorzugt werden. Niemand darf wegen seiner Behinderung benachteiligt werden.

Was braucht es, dass solche Gesetze in unserem Land unter uns Menschen ihre Wirkung entfalten können? Was brauchen Menschen, dass sie nach Kräften diese Gesetze einhalten wollen, für sie einstehen und für sie werben? Gesetze allein machen keine gute Gesellschaft. Wir Menschen müssen sie kennen, ihren Wortlaut verstehen und ihre Intention begreifen. In demokratischen Gesellschaften muss es um Frieden, Freiheit und Gerechtigkeit für alle Menschen gehen. Menschen, die in einem demokratischen Staat leben, müssen dem Gesetzgeber und den Gesetzeshütern vertrauen können. Menschen in unserem Land müssen ohne Angst vor Übergriffen leben können und wenn es dann doch passiert, müssen sie die Erfahrung machen, dass ihnen beigestanden wird und Täterinnen und Täter zur Rechenschaft gezogen werden. Menschen müssen die Erfahrung machen können, dass sie die Hilfe bekommen, die sie brauchen, wenn sie in Not geraten sind. All das gilt selbstverständlich auch für unsere Kirche mit ihrem Kirchenrecht.

Gesetzeswerke benötigen eine große Zustimmung, wenn sie zu einem gelingenden Miteinander in einer Gesellschaft beitragen sollen. Gesetzeslücken für den eigenen Vorteil auszunutzen, muss für diejenigen, die es versuchen, absolut unattraktiv sein. Um das zu erreichen, muss deutlich sein, dass ein Gesetzeswerk für die Menschen da ist und nicht die Menschen für das Gesetz. Kein Gesetz der Welt kann alles regeln, so detailliert und ausgeklügelt seine Aussagen auch sein mögen. Es braucht das wohlwollende Mittun derer, für die es gilt. Doch damit dies geschieht, müssen Gesetze aktualisiert, also an gesellschaftliche Entwicklungen, wissenschaftliche Erkenntnisse und neue Lebensverhältnisse angepasst werden. Menschen müssen sich mit ihren Gesetzen identifizieren können.

Wenn ein echtes Interesse am Nächsten und ein Sinn für das Gemeinwohl die Folie ist, auf der Gesetze geschrieben werden, und wir die Gesetzeslücken mit Liebe, Demut und Achtung füllen, dann werden sie zum Segen für die Menschen, dann sind sie auch mal dehnbar, dann halten sie auch unterschiedlichen Interpretationen stand, dann können auch die Schwachen, Zu-kurz-Gekommenen, Verlierer, Gescheiterten, die Armen und Kranken und Menschen mit Behinderungen, die Alleinstehenden und Geflüchteten mit Zuversicht in die Zukunft blicken.

5. Vom „Urknall" des Reiches Gottes

Mit anderen Worten: Es braucht nicht nur Gesetze, sondern auch theologisch ausgedrückt das Reich Gottes.

Im Lukasevangelium heißt es:

»Jesus kehrte, erfüllt von der Kraft des Geistes, nach Galiläa zurück. Und die Kunde von ihm verbreitete sich in der ganzen Gegend. Er lehrte in den Synagogen und wurde von allen gepriesen. So kam er auch nach Nazaret, wo er aufgewachsen war, und ging, wie gewohnt, am Sabbat in die Synagoge. Als er aufstand, um vorzulesen, reichte man ihm die Buchrolle des Propheten Jesaja. Er öffnete sie und fand die Stelle, wo geschrieben steht: Der Geist des Herrn ruht auf mir; denn er hat mich gesalbt. Er hat mich gesandt, damit ich den Armen eine frohe Botschaft bringe; damit ich den Gefangenen die Entlassung verkünde und den Blinden das Augenlicht; damit ich die Zerschlagenen in Freiheit setze und ein Gnadenjahr des Herrn ausrufe. Dann schloss er die Buchrolle, gab sie dem Synagogendiener und setzte sich. Die Augen aller in der Synagoge waren auf ihn gerichtet. Da begann er, ihnen darzulegen: Heute hat sich das Schriftwort, das ihr eben gehört habt, erfüllt.«

(Lk 4,14-21)

Anhand der Stelle bei Jesaja macht Jesus klar, wer er ist: der Gesalbte Gottes – Christus. „Der Geist des Herrn ruht auf mir; denn er hat mich gesalbt. [...] Heute hat sich das Schriftwort, das ihr eben gehört habt, erfüllt." Ich bin bereit, sagt Jesus. Das, was Jesus ausgesprochen hat, ist ein Versprechen. Ein Versprechen weist in die

Zukunft, die schon im nächsten Moment beginnt. Was die Menschen in der Synagoge erlebt haben, ist der „Urknall" des Reiches Gottes. Und dieses Reich dehnt sich aus, wird bekannt. Doch von Anfang an wird es auch bedroht, ruft es seine Widersacher auf den Plan, weil es die Gesellschaft mit ihren starren Strukturen und Traditionen irritiert und kritisch hinterfragt. Und wenn ein aufmerksamer Leser das Lukasevangelium weiterliest, dann stößt er immer wieder auf Passagen, in denen erzählt wird, dass ihm viele folgen, und er merkt, dass es auch auf ihn selbst ankommt, wenn sich das Reich Gottes weiter ausdehnen soll. Jesus suchte und sucht und rief und ruft Menschen, die gemeinsam mit ihm sagen: Ich bin bereit. Robert Baden-Powell (1857–1941), der Gründer der Pfadfinderbewegung, hatte das Evangelium vor Augen und im Herzen, als er das Pfadfindergesetz formulierte. In einer neueren Übersetzung lautet das Pfadfindergesetz:

»Als Pfadfinderin, als Pfadfinder …

… begegne ich allen Menschen mit Respekt und habe alle Pfadfinder und Pfadfinderinnen als Geschwister.

… gehe ich zuversichtlich und mit wachen Augen durch die Welt.

… bin ich höflich und helfe da, wo es notwendig ist.

… mache ich nichts halb und gebe auch in Schwierigkeiten nicht auf.

… entwickle ich eine eigene Meinung und stehe für diese ein.

… sage ich, was ich denke, und tue, was ich sage.

… lebe ich einfach und umweltbewusst.

… stehe ich zu meiner Herkunft und zu meinem Glauben.«

Mit dem Pfadfindergesetz leistete Baden-Powell einen großartigen Beitrag zur Ausdehnung des Reiches Gottes, des Reiches des Friedens und der Gerechtigkeit, in dem niemand zu kurz kommt. Es füllt die Lücken, die jedes Rechtssystem notwendigerweise hat und auch haben muss. Wenn Menschen das Pfadfindergesetz leben, können sie gemeinsam mit ihren Mitmenschen „Heute-Erfahrungen" machen, wie damals mit Jesus selbst. Unter „Heute-Erfahrungen" verstehe ich Momente, in denen ich aus Zwängen, Angst und Unsicherheit befreit werde, in denen ich mich angenommen und geliebt weiß und durch die mir ein Weg gezeigt wird, den ich gehen kann.

6. Eine „Heute-Erfahrung" am Jakobsbrunnen

Eine massive „Heute-Erfahrung" machte vor 2000 Jahren eine Frau aus Samarien, die ungeplant Jesus traf:

»So kam Jesus zu einer Stadt in Samarien, die Sychar hieß und nahe bei dem Grundstück lag, das Jakob seinem Sohn Josef vermacht hatte. Dort befand sich der Jakobsbrunnen. Jesus war müde von der Reise und setzte sich daher an den Brunnen; es war um die sechste Stunde. Da kam eine Frau aus Samarien, um Wasser zu schöpfen. Jesus sagte zu ihr: Gib mir zu trinken! Seine Jünger waren nämlich in die Stadt gegangen, um etwas zum Essen zu kaufen. Die Samariterin sagte zu ihm: Wie kannst du als Jude mich, eine Samariterin, um etwas zu trinken bitten? Die Juden verkehren nämlich nicht mit den Samaritern.

Jesus antwortete ihr: Wenn du wüsstest, worin die Gabe Gottes besteht und wer es ist, der zu dir sagt: Gib mir zu trinken!, dann hättest du ihn gebeten und er hätte dir lebendiges Wasser gegeben. Sie sagte zu ihm: Herr, du hast kein Schöpfgefäß und der Brunnen ist tief; woher hast du also das lebendige Wasser? Bist du etwa größer als unser Vater Jakob, der uns den Brunnen gegeben und selbst daraus getrunken hat, wie seine Söhne und seine Herden? Jesus antwortete ihr: Wer von diesem Wasser trinkt, wird wieder Durst bekommen; wer aber von dem Wasser trinkt, das ich ihm geben werde, wird niemals mehr Durst haben; vielmehr wird das Wasser, das ich ihm gebe, in ihm zu einer Quelle werden, deren Wasser ins ewige Leben fließt. Da sagte die Frau zu ihm: Herr, gib mir dieses Wasser, damit ich keinen Durst mehr habe und nicht mehr hierherkommen muss, um Wasser zu schöpfen!

Er sagte zu ihr: Geh, ruf deinen Mann und komm wieder her! Die Frau antwortete: Ich habe keinen Mann. Jesus sagte zu ihr: Du hast richtig gesagt: Ich habe keinen Mann. Denn fünf Männer hast du gehabt und der, den du jetzt hast, ist nicht dein Mann. Damit hast du die Wahrheit gesagt. Die Frau sagte zu ihm: Herr, ich sehe, dass du ein Prophet bist. Unsere Väter haben auf diesem Berg Gott angebetet; ihr aber sagt, in Jerusalem sei die Stätte, wo man anbeten muss. Jesus sprach zu ihr: Glaube mir, Frau, die Stunde kommt, zu der ihr weder auf diesem Berg noch in Jerusalem den Vater anbeten werdet. Ihr betet an, was ihr nicht kennt, wir beten an, was wir kennen; denn das Heil kommt von den Juden. Aber die Stunde kommt und sie ist schon da, zu der die wahren Beter den Vater anbeten werden im Geist und in der Wahrheit; denn so will der Vater angebetet werden.

Gott ist Geist und alle, die ihn anbeten, müssen im Geist und in der Wahrheit anbeten. Die Frau sagte zu ihm: Ich weiß, dass der Messias kommt, der Christus heißt. Wenn er kommt, wird er uns alles verkünden. Da sagte Jesus zu ihr: Ich bin es, der mit dir spricht.«

(Joh 4,5-26)

Das Setting der Geschichte ist: Jesus kommt nach Samarien. Damit verlässt er das jüdische Kernland. Es gehört sich nicht für einen Juden, diese Grenze zu überschreiten. Es gibt da jedoch etwas, was die Juden mit den Samaritern verbindet: den Stammvater Jakob. Wie die Juden kennen die Samariter auch die Tora. Die Grenzüberschreitung Jesu und die Besinnung auf gemeinsame Wurzeln werden zum Segen für eine ganze Dorfgemeinschaft.

Wie ist das mit den Grenzen, die wir pflegen, aufrechterhalten, unter denen wir leiden? Jesus setzt sich zur Mittagszeit an den Brunnen, aus dem schon Jakob trank. Er ist müde. Die sechste Stunde ist der Wendepunkt des Tages: Zeit für den Rückblick und Zeit für den Ausblick; Zeit, sich zu sammeln, zu stärken, zu erfrischen, auszuruhen; Zeit für die Kurskorrektur. Es kommt eine Frau zum Wasserschöpfen. Offensichtlich wird sie von der sozialen Gemeinschaft ihres Dorfes ausgegrenzt oder zumindest so weit stigmatisiert, dass sie sich der Qual aussetzen muss, zur heißesten Stunde des Tages Wasser schöpfen zu gehen. Jesus überschreitet diese Grenze sozialer Ächtung in doppelter Weise, indem er als Mensch und als Jude mit ihr spricht und sie bittet: Gib mir zu trinken! Die Frau, eine Samariterin, weiß, was sich gehört. Doch sie lässt sich auf das Gespräch mit Jesus ein.

Jesus offenbart sich ihr: Ich bin es, der mit dir spricht. Jesus sieht, wie sie innerlich vertrocknet ist und wie sie nach Liebe und einem gelingenden Leben lechzt. Jesus gibt ihr lebendiges Wasser zu trinken, es ist die Liebe Gottes. Er lässt in ihr eine Quelle entspringen, die niemals versiegt und ewiges Leben schenkt. Es ist die Liebe Gottes, die sie vertrauen lässt, dass Gott im Letzten alles zum Guten wendet. Die Frau ist so von Jesu Worten erfüllt, dass sie gar nicht anders kann, als begeistert den Menschen ihres Dorfes, die sie zuvor noch ausgrenzten, von dieser Begegnung am Brunnen zu erzählen. Sie selbst überschreitet, verwandelt durch die Begegnung mit Jesus, die Grenze zwischen ihren Mitmenschen und sich. Ihre Worte reichen aus, dass viele zum Glauben an Jesus kommen. Die Leute wollen Jesus nicht weiterziehen lassen und er bleibt noch bei ihnen. Und in dieser Zeit beginnen ganz eigene Geschichten und Wege mit Jesus, denn er ist wirklich der Retter der Welt.

7. Perfekter Stoff für einen Hollywood-Film

Jesus hat den Menschen damals unfassbar gerne Geschichten erzählt. Es war seine Art, den Menschen die Beziehung zwischen Gott und Mensch nahezubringen. Eine der berührendsten Geschichten wäre die perfekte Vorlage für einen Hollywood-Film. Sie geht so:

>»Ein Mann hatte zwei Söhne. Der jüngere von ihnen sagte zu seinem Vater: Vater, gib mir das Erbteil, das mir zusteht! Da teilte der Vater das Vermögen unter sie auf.

Nach wenigen Tagen packte der jüngere Sohn alles zusammen und zog in ein fernes Land. Dort führte er ein zügelloses Leben und verschleuderte sein Vermögen. Als er alles durchgebracht hatte, kam eine große Hungersnot über jenes Land und er begann Not zu leiden. Da ging er zu einem Bürger des Landes und drängte sich ihm auf; der schickte ihn aufs Feld zum Schweinehüten. Er hätte gern seinen Hunger mit den Futterschoten gestillt, die die Schweine fraßen; aber niemand gab ihm davon. Da ging er in sich und sagte: Wie viele Tagelöhner meines Vaters haben Brot im Überfluss, ich aber komme hier vor Hunger um. Ich will aufbrechen und zu meinem Vater gehen und zu ihm sagen: Vater, ich habe mich gegen den Himmel und gegen dich versündigt. Ich bin nicht mehr wert, dein Sohn zu sein; mach mich zu einem deiner Tagelöhner! Dann brach er auf und ging zu seinem Vater. Der Vater sah ihn schon von Weitem kommen und er hatte Mitleid mit ihm. Er lief dem Sohn entgegen, fiel ihm um den Hals und küsste ihn. Da sagte der Sohn zu ihm: Vater, ich habe mich gegen den Himmel und gegen dich versündigt; ich bin nicht mehr wert, dein Sohn zu sein. Der Vater aber sagte zu seinen Knechten: Holt schnell das beste Gewand und zieht es ihm an, steckt einen Ring an seine Hand und gebt ihm Sandalen an die Füße! Bringt das Mastkalb her und schlachtet es; wir wollen essen und fröhlich sein. Denn dieser, mein Sohn, war tot und lebt wieder; er war verloren und ist wiedergefunden worden. Und sie begannen, ein Fest zu feiern. Sein älterer Sohn aber war auf dem Feld. Als er heimging und in die Nähe des Hauses kam, hörte er Musik und Tanz. Da rief er einen der Knechte und fragte, was das bedeuten solle. Der Knecht antwortete ihm: Dein Bruder ist gekommen und dein Vater hat das Mastkalb schlachten lassen, weil er ihn gesund wiederbekommen hat. Da wurde er zornig und wollte nicht hineingehen. Sein Vater aber kam heraus und redete ihm gut zu. Doch er erwiderte seinem Vater: Siehe, so viele Jahre schon diene ich dir und nie habe ich dein Gebot übertreten; mir aber hast du nie einen Ziegenbock geschenkt, damit ich mit meinen Freunden ein Fest feiern konnte. Kaum aber ist der hier gekommen, dein Sohn, der dein Vermögen mit Dirnen durchgebracht hat, da hast du für ihn das Mastkalb geschlachtet. Der Vater antwortete ihm: Mein Kind, du bist immer bei mir und alles, was mein ist, ist auch dein. Aber man muss doch ein Fest feiern und sich freuen; denn dieser, dein Bruder, war tot und lebt wieder; er war verloren und ist wiedergefunden worden.«

(Lk 15,1-3.11-32)

Die Geschichte, die Jesus vor allem den Pharisäern erzählt, die verächtlich auf die Sünder herabblickten, handelt von zwei Brüdern, die unterschiedlicher kaum sein könnten. Kindheit und Jugend verbringen sie gemeinsam in ihrem Elternhaus, dann kommt der große Bruch: Ein Moment, vor dem sich wohl alle Eltern fürchten. Mit dem Erbteil, der ihm zusteht, macht sich der eine Sohn davon. Regeln, Werte, Traditionen und das religiöse Leben, also alles, was sein Elternhaus prägt, lässt er hinter sich, streift er ab, um sich in einem zügellosen Leben wiederfinden zu können. Drogen, Sex, kriminelle Machenschaften, das sind die Dinge, die in einem erfolgreichen Kinofilm nicht fehlen dürfen.

Der andere Sohn bleibt dem Elternhaus treu. Er befolgt die Regeln, hält die Werte seines Vaters in Ehren, führt die Traditionen weiter und nimmt aktiv am religiösen Leben teil. Sein Weg scheint klar vorgezeichnet zu sein. Eines Tages wird er Haus und Hof, ja das ganze Anwesen weiterführen. Für einen Film, der viel Geld in die Kassen spülen soll, sind das eher die langweiligen Sequenzen.

Der Sohn, der weggegangen ist, fällt tief. Auf dem Feld bei den Schweinen blickt er in seinen leeren Geldbeutel. Er hat es versäumt, sich eine Existenz aufzubauen, als der Beutel noch gefüllt war. Er denkt an seinen Vater, an sein Elternhaus, an all das, was ihm einst Halt gab und Sicherheit. Dorthin will er zurück und er macht sich auf den Weg. Sein Vater, der seit seinem Weggang jeden Tag in die Richtung schaute, in der er vor Jahren verschwunden war, sieht ihn kommen und läuft ihm entgegen. Der Vater hatte mit seinem Sohn niemals gebrochen. Nun ist seine Freude übergroß und er fällt ihm um den Hals. Was für eine Dramatik! An dieser Stelle würde der Komponist für die Filmmusik wohl alles geben. Gibt es also ein Happy End? Die Kinobesucherinnen und -besucher würden jetzt wohl ein ausgelassenes Fest auf der Leinwand erwarten. Der Abspann ließe nur noch kurze Zeit auf sich warten.

Doch so einfach ist es nicht. Der daheim gebliebene Sohn kommt von der Arbeit nach Hause und traut seinen Augen nicht. Sein Vater sieht auch ihn und kommt ihm entgegen. Er teilt ihm seine Freude mit. Doch der Sohn überschüttet ihn mit Vorwürfen. Wie könnte eine mögliche letzte Kameraeinstellung aussehen? Vater und Sohn stehen sich gegenüber und schauen sich in die Augen, zu hören sind die letzten Worte des Vaters: „Mein Kind, du bist immer bei mir und alles, was mein ist, ist auch dein. Aber man muss doch ein Fest feiern und sich freuen; denn dieser, dein Bruder, war tot und lebt wieder; er war verloren und ist wiedergefunden worden." Regungslos stehen sie noch einen Moment da, dann wird das Bild ausgeblendet und in weißer Schrift auf schwarzem Hintergrund ist zu lesen: Ende.

Geht der Sohn nun mit hinein, um zu feiern? Oder wendet er sich verbittert von seinem Vater ab? Diese Frage lässt Jesus offen. Die Zöllner und Sünder haben die frohe Botschaft Jesu im Gleichnis sicher verstanden und sie erfahren in seiner Nähe die heilmachende Liebe des Vaters. Mit dem Gleichnis von der Liebe des Vaters lädt Jesus die Pharisäer ein, die Mitmenschen besonders dann zu lieben, wenn sie es überhaupt nicht verdient haben. Denn dann brauchen sie es am meisten.

Und wie sieht es bei mir aus? Vertraue ich in Anbetracht meiner Sündhaftigkeit der vergebenden Liebe Gottes? Traue ich ihm zu, dass er mich wieder und immer wieder auf die Beine stellt? Und wenn ich moralisierend urteile und den Stab über andere breche, lasse ich mich dann von der vergebenden Liebe Gottes aus meinen engen Grenzen befreien?

»Meine engen Grenzen,
meine kurze Sicht bringe ich vor dich.
Wandle sie in Weite; Herr, erbarme dich.
Meine ganze Ohnmacht,
was mich beugt und lähmt, bringe ich vor dich.
Wandle sie in Stärke; Herr, erbarme dich.
Mein verlornes Zutraun,
meine Ängstlichkeit bringe ich vor dich.
Wandle sie in Wärme; Herr, erbarme dich.

Meine tiefe Sehnsucht
nach Geborgenheit bringe ich vor dich.
Wandle sie in Heimat; Herr, erbarme dich.«

(Eugen Eckert, Gotteslob Nr. 437)

8.   Gott hebt Ausgrenzungen auf

Das war Jesus wirklich ein zentrales Anliegen: Gerade
die Ausgegrenzten wollte er ansprechen, wollte sie er-
mutigen. Wie sehr er sich freute, wenn er einen von
der Gesellschaft Ausgegrenzten erreichen konnte, zeigt
dieses Gebet:

> »In jener Zeit sprach Jesus: Ich preise dich, Vater, Herr
> des Himmels und der Erde, weil du das vor den Weisen
> und Klugen verborgen und es den Unmündigen offen-
> bart hast. Ja, Vater, so hat es dir gefallen. Alles ist mir
> von meinem Vater übergeben worden; niemand kennt
> den Sohn, nur der Vater, und niemand kennt den Vater,
> nur der Sohn und der, dem es der Sohn offenbaren will.
> Kommt alle zu mir, die ihr mühselig und beladen seid!
> Ich will euch erquicken. Nehmt mein Joch auf euch und
> lernt von mir; denn ich bin gütig und von Herzen de-
> mütig; und ihr werdet Ruhe finden für eure Seele. Denn
> mein Joch ist sanft und meine Last ist leicht.«

(Mt 11,25-30)

Die Freude bricht geradezu aus Jesus heraus: Er dankt
Gott Vater dafür, dass seine Liebe durch ihn die Unmün-
digen erreicht. Also all jene, die es schwerhaben, sich
in der Gesellschaft Gehör zu verschaffen. Menschen mit

ihren Krankheiten, Behinderungen und Nöten, Menschen, die selbstverschuldet oder durch das Handeln anderer ins Abseits der Gesellschaft geraten sind. Gottes Liebe hebt Ausgrenzungen auf, macht Menschen zu Menschen, befreit sie zum Leben. Jesus erkennt immer mehr, was es bedeutet, Sohn Gottes zu sein. Und dass es Gott selbst ist, der mit seinen Augen die Menschen ansieht und ihnen ein Ansehen gibt; der aus seinem Mund die Menschen anspricht und tröstet und ermutigt; der mit seinen Händen die Menschen berührt und behutsam aufrichtet.

Jesus ruft den Menschen zu: „Kommt alle zu mir, die ihr mühselig und beladen seid! Ich will euch erquicken … und ihr werdet Ruhe finden für eure Seele." In der Ruhe, die Jesus Christus uns schenkt, möchte er gemeinsam mit uns auf unser Leben blicken, wohlwollend und gütig. In diesen Ruhezeiten dürfen wir tief bei Gott durchatmen und aufatmen. So werden wir immer neu zu Menschen, wie sie sich Gott erdacht hat. Zu Menschen, die sich als von ihm geliebt begreifen und sich dadurch angenommen und wertgeschätzt wissen.

In diesen Ruhezeiten mit Jesus Christus webt sich Gott ein in unsere Zeit, in unseren Atem, in unsere Gedanken und in unseren Herzschlag. So kann unsere Seele zur Ruhe kommen. Jesus Christus wirbt eindringlich bei den Menschen dafür, auf Dauer eng mit Gott verbunden zu bleiben, damit sie nicht wieder in die selbst verursachte, selbst eingeredete oder durch andere bewirkte und aufgezwungene Unmündigkeit zurückfallen. Das meint Jesus, wenn er sagt: „Nehmt mein Joch auf euch und lernt von mir; denn ich bin gütig und von Herzen demütig." Ein Joch ist ein stabiler Bogen, der einem

Ackertier übergelegt wird, an dem Ketten und Seile befestigt werden, die beispielsweise mit einem Pflug verbunden sind, den dann das Ackertier unter der Führung des Bauern über das Feld zieht. So etwas kommt in der Landwirtschaft hierzulande nicht mehr vor. Ich kann mir vorstellen, dass so ein Joch sehr unangenehm auf den Rücken des Arbeitstieres drücken kann. Mit diesem Bild vor Augen sagt Jesus: „Mein Joch ist sanft und meine Last ist leicht." Das Joch drückt eine spürbare Begrenzung für den Menschen aus, doch anscheinend braucht der Mensch diese Begrenzung, kommt er erst zur Ruhe durch dieses von Gott auferlegte „Joch".

9.   Grenze als Gnade

Anscheinend können Grenzen auch eine Gnade sein. Denn Grenzenlosigkeiten, das sehen wir alltäglich, haben problematische Seiten: Maßlosigkeit, Überforderung, in Zeiten grenzenlosen Überflusses eine Auswahl zu treffen, etc. Grenzen als Gnade zu verstehen, hat sehr viel mit der Annahme der Idee, wie Gott mich gewollt hat, zu tun: Ich bin genau so gewollt, wie ich erschaffen wurde – aus der unendlichen Vielfalt aller Möglichkeiten. Der Himmel besteht für uns Menschen meiner Überzeugung nach darin, unser Begrenztsein als Gabe zu erkennen und staunend zu erleben. Begrenztsein bedeutet Konkretsein. Wenn ich meine Geschichte annehme, wird sie zum unverdienten Geschenk. Auch Jesus hat seine Geschichte angenommen. Seine Wunden und seine Liebe wurden durch die Auferstehung nicht ausgelöscht. Das Brotbrechen, die Wunden und das Leiden für die Seinen bleiben für immer. Je länger ich lebe, desto besser gelingt es mir, es nicht als Nachteil oder Mangel zu sehen, dass ich nicht alle Aspekte meines Lebens vollständig selbst in der Hand habe. Anders ausgedrückt: Ich empfinde Dankbarkeit, nicht wie Gott sein zu müssen, sondern sein geliebtes Geschöpf zu sein – und zwar für immer.

Die Gedanken, die ich im letzten Kapitel behandeln möchte, entstammen meinen Exerzitien 2018. Sie sind Überlegungen auf Fragen und Impulse des Ignatius von Loyola (1491–1556), nach dessen Methode auch jeweils eine aktuell ausgewählte Bibelstelle als Reflexionsfolie dient. Exerzitien sind geistliche Übungen zur persönlichen Reflexion und Versicherung im Glauben.

a.   Wie stehe ich vor Gott?

»Dann sprach Gott: Die Erde bringe Lebewesen aller Art hervor, von Vieh, von Kriechtieren und von Wildtieren der Erde nach ihrer Art. Und so geschah es. Gott machte die Wildtiere der Erde nach ihrer Art, das Vieh nach seiner Art und alle Kriechtiere auf dem Erdboden nach ihrer Art. Gott sah, dass es gut war. Dann sprach Gott: Lasst uns Menschen machen als unser Bild, uns ähnlich! Sie sollen walten über die Fische des Meeres, über die Vögel des Himmels, über das Vieh, über die ganze Erde und über alle Kriechtiere, die auf der Erde kriechen. Gott erschuf den Menschen als sein Bild, als Bild Gottes erschuf er ihn. Männlich und weiblich erschuf er sie. Gott segnete sie und Gott sprach zu ihnen: Seid fruchtbar und mehrt euch, füllt die Erde und unterwerft sie und waltet über die

Fische des Meeres, über die Vögel des Himmels und über alle Tiere, die auf der Erde kriechen! Dann sprach Gott: Siehe, ich gebe euch alles Gewächs, das Samen bildet auf der ganzen Erde, und alle Bäume, die Früchte tragen mit Samen darin. Euch sollen sie zur Nahrung dienen. Allen Tieren der Erde, allen Vögeln des Himmels und allem, was auf der Erde kriecht, das Lebensatem in sich hat, gebe ich alles grüne Gewächs zur Nahrung. Und so geschah es. Gott sah alles an, was er gemacht hatte: Und siehe, es war sehr gut. Es wurde Abend und es wurde Morgen: der sechste Tag.

So wurden Himmel und Erde und ihr ganzes Heer vollendet. Am siebten Tag vollendete Gott das Werk, das er gemacht hatte, und er ruhte am siebten Tag, nachdem er sein ganzes Werk gemacht hatte. Und Gott segnete den siebten Tag und heiligte ihn; denn an ihm ruhte Gott, nachdem er das ganze Werk erschaffen hatte.«

(Gen 1,24–2,3)

An der gesamten Schöpfungsgeschichte beeindruckt mich der folgende Zusammenhang: Gott schuf und Gott sah, dass es gut war. Gott tut immer den ersten Schritt. Schon über der Urflut, über dem Chaos, ruht sein Geist. Gott schafft Räume, Lebensräume, er zieht Grenzen, setzt Rahmen. Und Gott stattet die Räume aus, er füllt sie mit Licht und Leben. Er schafft Räume, die den sehr unterschiedlichen Lebensweisen seiner Geschöpfe entsprechen. In seinen Geschöpfen wird Leben, werden Lebensformen konkret. Leben und Zusammenleben kann sich entfalten und entwickeln. Das muss nicht schlimm sein! Als Biologe weiß ich, dass die Vielfalt von Lebensformen in Grenzregionen gerade dort besonders hoch ist, wo Grenzen durchlässig sind, flie-ßend verlaufen. Auch eine Gesellschaft profitiert davon, wenn sie Vielfalt (kulturelle, religiöse ...) zulässt.

Gott ruft ins Sein, ins Dasein, Sosein und Hiersein. Gott macht den Menschen, männlich und weiblich, und er soll walten über das ganze Leben. Walten meint hier, dafür zu sorgen, dass der gute Geist herrscht. So stellt die Aufforderung zum Walten die Aufforderung, Vorsicht walten zu lassen, dar. In dieser Intention muss meines Erachtens auch der vorangehende Auftrag Gottes „un-terwerft die Welt" verstanden werden, der dann lautet: Macht euch eure Mitwelt zu eigen, lernt sie gut kennen, identifiziert euch mit ihr, behandelt sie schonend und nachhaltig – so könnt ihr gut mit ihr und aus ihr leben.

Gott ruft mich. Er will mich. Und ich finde mich als gegeben vor, als Mann mit einer Erbkrankheit, die zur Blindheit führte. Mein konkretes Dasein schenkt mir besondere Zugänge zum Leben. Ich höre gerne hin und zu. Ich nehme mir Zeit zum Betasten, Fühlen und Be-greifen. Ich mag es, wenn ich meine Empfindungen mit der Gitarre, dem Klavier und den Trommeln ausdrücken kann. Ich mag meine Art und Weise zu berühren und meine Gefühle, wenn ich berührt werde. Ich liebe den Duft von Rosen. Und ja, es gelingt mir zu sagen „es ist gut". Ich mag mein Mannsein, meinen Körper. Meine Blindheit habe ich angenommen, sie gehört zu mir. Ich habe zu lange gemeint, dass sie in der Welt der Sehen-den nicht auffallen darf. Als ich einmal in St. Michael in Göttingen die Frauenbüste ertastete, die an Edith Stein erinnert, fingen andere, die das beobachteten, an zu la-chen. Und doch mag ich mein Blindsein. Ich freue mich über meine Teilhabe am Leben durch das Mobilitätstraining, die wunderbaren technischen Hilfsmittel und das große Netzwerk von lieben Menschen, die mich im Privatleben und in meinem Beruf begleiten und unterstützen. Ich staune darüber, was alles möglich ist. Ich möchte in meinem Blindsein weiter reifen und Menschen für meine Zugänge zum Leben begeistern. Denn sie machen mich glücklich.

b. Was sollte ich in meinem Leben (neu) ordnen und versöhnen?

Auch unsere Ehre ist ein Stück von uns selbst. Das ist die Wurzel des Bösen: Nicht begrenztes Geschöpf, sondern wie Gott sein zu wollen. Ich habe ein Fachbuch geschrieben: *Gesegnet, um Segen zu sein – In gemeinsamer Verantwortung lokal Kirche entwickeln.* In diesem Buch beschäftige ich mich mit den tiefgreifenden Veränderungsprozessen in der Kirche, spreche mich für Gemeindeleitung durch Freiwilligenteams aus und gebe konkrete Umsetzungshilfen.

Anfangs habe ich darunter gelitten, wenn ich trotz meines Buches nicht gesehen wurde, wenn man mich nicht einlud und fragte, wenn es um Lokale Kirchenentwicklung ging. Manchmal habe ich es als persönlichen Angriff empfunden, wenn mein Buch auf Studientagen und Seminaren zu diesem Thema nicht genannt wurde oder ich nur am Ende einer Veranstaltung, schon im Aufbruch, noch ein bis zwei Minuten bekam, um es vorzustellen. Ich habe gemerkt, wie mich das unter „Erfolgsdruck" gesetzt hat, und ich habe mich daraufhin auf den Weg gemacht, alles, was den Erfolg, die Verbreitung dieses Buches betraf, aus meiner Verantwortung zu geben – mich von diesem Erfolg nicht abhängig zu machen. Ich habe immer mehr gebetet: Dein Wille geschehe. Mittlerweile ist das Buch in der zweiten Auflage erschienen. In meinem Buch steht das Evangelium an erster Stelle, die frohmachende Botschaft, dass Gott die Menschen liebt. Ich habe für mich die Rolle des Sämanns eingenommen. Dafür, wo und wie die Saat aufgeht, bin ich nicht verantwortlich. Ich freue mich, wenn ich kleine Pflanzen entdecke, und spreche darüber.

c. Ich weiß mich von Gott gesandt

„Was muss ich tun, um das ewige Leben zu gewinnen?", fragt der reiche Mann Jesus *(Mk 10,17–27)*. Ich denke eher, dass er meinte „Was muss ich denn noch tun?", denn die Gebote hält er ein. Seinen Reichtum sieht er wohl als Ergebnis seines rechtschaffenen Lebens. Jesus antwortet ihm, dass er nicht etwas tun, sondern etwas lassen soll: seinen Überfluss, sein großes Vermögen. Jesus lenkt den Blick des Reichen auf das, was ihn unfrei macht, unglücklich und unzufrieden, und was tragischerweise zugleich sein Ein und Alles ist, wofür er doch so lange und so hart gearbeitet hat. Sich für den Weg Jesu zu entscheiden, würde für den reichen Mann bedeuten, seinen Reichtum zu verkaufen. Das bringt er noch nicht übers Herz.

Jede Entscheidung ist immer auch ein Loslassen. Wenn ich mich für etwas entscheide, entscheide ich mich zugleich gegen etwas. Eine Entscheidung bedeutet, dass ich so manche Möglichkeit ausschließe. Ich setze also selbst Grenzen, gebe mir Konturen, gebe mich zu erkennen.

Als fünftes Kind meiner Eltern konnte ich nie viele Dinge anhäufen, dafür war bei uns überhaupt kein Platz. Meine Eltern vermittelten mir: Weniger ist mehr. Auch an Geburtstagen und Weihnachten wurden wir nicht mit Geschenken überhäuft. Bestimmte Orte aufsuchen zu können, Beziehungen und Freundschaften zu pflegen und die Natur intensiv zu erleben, waren und sind mir immer wichtiger, als Dinge zu besitzen und zu sammeln. Doch weiß ich auch, dass Entscheiden und Zurücklassen ein mühsames Geschäft sein kann. Immer wieder musste ich Liebgewonnenes und mein Leben Prägendes zurücklassen.

Neuanfänge waren in meinem Leben immer sehr radikal, da sie immer mit einem Ortswechsel verbunden waren. Ich habe bereits in Helmstedt, Hannover, Marburg, Braunschweig, Troisdorf und Stade gelebt und wohne jetzt in Göttingen. „Ich bin noch nicht so weit." Wie oft habe ich das schon gedacht, wenn wieder ein Ortswechsel notwendig wurde. Ich habe in das Neue bisher immer nur wenige Dinge aus dem Alten mitgenommen. Ich bin mit leichtem Gepäck unterwegs. Doch ich bin immer reicher geworden an Erkenntnis, Wissen, Lebens- und Glaubenserfahrungen und ich weiß heute sehr genau, wer meine Freunde sind.

Als ich von Stade nach Göttingen versetzt wurde, konnte ich in der Lokalen Kirchenentwicklung weiterarbeiten, weiter Erfahrungen sammeln – die meisten anderen Arbeitsbereiche musste ich mir neu erschließen. Vieles, was ich in meinem Dienst in Stade liebgewonnen hatte, war nun in Göttingen nicht mehr gefragt.

Ich durfte und konnte mich weiterentwickeln, Gott sei Dank. Meine Professorinnen und Professoren in Sankt Augustin hatten mir Mut gemacht, ins kalte Wasser zu springen. Es gehe darum, bei den Menschen, egal wo, Jesus Christus zu bezeugen. Was ich dazu brauche, gibt und sagt er mir selbst. Ich brauche nicht ängstlich zu sagen: „Ich bin noch nicht so weit."

Selig seid ihr, sagt Jesus uns zu. Selig bedeutet glücklich. Glücklich deshalb, weil wir einer Hand vertrauen dürfen, die uns in den dunkelsten Stunden fest hält. Jesus preist Menschen glücklich, die entweder unter bestimmten Begrenzungen leiden (die Armen, die Trauernden, die Hungernden und Dürstenden, die Verfolgten) oder sich für einen bestimmten Weg entschieden haben (die keine Gewalt anwenden, die Barmherzigen, die ein reines Herz haben, die Frieden stiften). Wie gut ist es für all jene und für uns alle, darauf vertrauen zu dürfen, niemals tiefer fallen zu können als in die Hände unseres Gottes, der um uns weiß. Wie gut ist es, einer rettenden Hand vertrauen zu dürfen, wenn wir unser Leben einfach nicht mehr in der Hand haben. Dieses Vertrauen brauchte ich und hatte ich, als ich blind wurde und als ich Diakon wurde. Mein Blindsein und mein Diakonsein veränderten mich, formten mich, machten mich. Und wie ich geworden bin, passte nicht mehr zu meiner Frau, und der Weg, den sie einschlug, passte nicht mehr zu mir. Wir trennten uns. Und da war sie wieder, jene Hand, die mich hielt und führte, meine Tränen trocknete, mir neue Türen öffnete, mich segnete und sendete.

Ich lobe meinen Gott, der aus der Tiefe mich holt, damit ich lebe!

Ich lobe meinen Gott, der mir den neuen Weg weist,
damit ich handle!
Ich lobe meinen Gott, der meine Tränen trocknet, dass
ich lache!

(Hans-Jürgen Netz, vgl. Gotteslob 383)

d. Meine Kraft ist Gott in Jesus Christus

Durch seine Auferstehung *(Joh 20,1–18)* bedeutet Leben
mit Christus Entgrenzung. Nun ist der Tod, die un-
überwindlichste Grenze überhaupt, überwunden. Der
Himmel ist wieder offen, der Mensch ist mit Gott
versöhnt. Weder Grabstein noch verschlossene Türen
halten den Auferstandenen auf. In Joh 14,12 sagt Jesus:
„Amen, amen, ich sage euch: Wer an mich glaubt, wird
die Werke, die ich vollbringe, auch vollbringen und er
wird noch größere als diese vollbringen, denn ich gehe zum Vater." Ist das nicht Entgrenzung? Ist das nicht
Grenze als Gnade? Entgrenzung ist hier als Einheit mit
dem Vater zu verstehen, Einssein mit ihm. In meiner
Geschöpflichkeit, in meiner Begrenztheit bin ich ganz
und gar von ihm angenommen und er gibt mir die
Kraft, mich und mein Leben anzunehmen. Meine Seele
preist die Größe des Herrn und mein Geist jubelt über
Gott, meinen Retter *(Lk 2,46–47)*.

Nachklang

Im Nachklang sind einige meiner Predigten zu finden, die ich in der Entstehungszeit dieses Buches gehalten habe. Manche dieser Gedanken haben mir dabei geholfen, dieses Buch zu schreiben, und andere stellen bereits eine Weiterführung, eine Reflexion dar.

1. Sehen und Erkennen

Predigt am 11.06.2016 in St. Michael Göttingen zu folgendem Abschnitt aus dem Lukasevangelium:

»Einer der Pharisäer hatte ihn zum Essen eingeladen. Und er ging in das Haus des Pharisäers und begab sich zu Tisch. Und siehe, eine Frau, die in der Stadt lebte, eine Sünderin, erfuhr, dass er im Haus des Pharisäers zu Tisch war; da kam sie mit einem Alabastergefäß voll wohlriechendem Öl und trat von hinten an ihn heran zu seinen Füßen. Dabei weinte sie und begann mit ihren Tränen seine Füße zu benetzen. Sie trocknete seine Füße mit den Haaren ihres Hauptes, küsste sie und salbte sie mit dem Öl. Als der Pharisäer, der ihn eingeladen hatte, das sah, sagte er zu sich selbst: Wenn dieser wirklich ein Prophet wäre, müsste er wissen, was das für eine Frau ist, die ihn berührt: dass sie eine Sünderin ist. Da antwortete ihm Jesus und sagte: Simon, ich möchte dir etwas sagen. Er erwiderte: Sprich,

Meister! Ein Geldverleiher hatte zwei Schuldner; der eine war ihm fünfhundert Denare schuldig, der andere fünfzig. Als sie ihre Schulden nicht bezahlen konnten, schenkte er sie beiden. Wer von ihnen wird ihn nun mehr lieben? Simon antwortete: Ich nehme an, der, dem er mehr geschenkt hat. Jesus sagte zu ihm: Du hast recht geurteilt. Dann wandte er sich der Frau zu und sagte zu Simon: Siehst du diese Frau? Als ich in dein Haus kam, hast du mir kein Wasser für die Füße gegeben; sie aber hat meine Füße mit ihren Tränen benetzt und sie mit ihren Haaren abgetrocknet. Du hast mir keinen Kuss gegeben; sie aber hat, seit ich hier bin, unaufhörlich meine Füße geküsst. Du hast mir nicht das Haupt mit Öl gesalbt; sie aber hat mit Balsam meine Füße gesalbt. Deshalb sage ich dir: Ihr sind ihre vielen Sünden vergeben, weil sie viel geliebt hat. Wem aber nur wenig vergeben wird, der liebt wenig. Dann sagte er zu ihr: Deine Sünden sind dir vergeben. Da begannen die anderen Gäste bei sich selbst zu sagen: Wer ist das, dass er sogar Sünden vergibt? Er aber sagte zu der Frau: Dein Glaube hat dich gerettet. Geh in Frieden!«

(Lk 7,36-50)

Mit welchen Kategorien schauen wir auf Menschen? Was sehen wir in einem Menschen? Nach welchen Kriterien entscheiden wir, ob uns ein Mensch sympathisch ist oder nicht? Inwieweit ist es uns ein echtes Anliegen, unsere Mitmenschen in ihrem ganzen Dasein, Sosein und Hiersein wahrzunehmen und anzunehmen? Interessiert es uns wirklich, ob und wie Gescheiterte, Gestrandete und Verzweifelte in ein gelingendes Leben hineinfinden? All diese Fragen stecken in der einen Frage, die Jesus dem Pharisäer Simon stellt: Siehst du diese

Frau? Simon sieht in dieser Frau nur die Sünderin, die bestraft werden muss und von der man sich fernzuhalten hat. Dass sein Haus für diese Frau zu einem Ort des Neubeginns werden könnte und dass er selbst dazu einen entscheidenden Beitrag leisten könnte, kommt ihm nicht in den Sinn. Für die Frau muss das Haus des Pharisäers die Höhle des Löwen sein, doch weil Jesus dort ist, wagt sie sich hinein. Mit ihren Tränen, ihrem Haar und dem Öl konzentriert sie sich ganz auf ihn. Jesus spürt ihre Sehnsucht nach Leben und Liebe, nach Heilung und Vergebung ihrer Schuld. Jesus spürt ihre Hoffnung, die sie mit ihm verbindet. Er enttäuscht sie nicht. Er schenkt ihr die Erfahrung, gewollt zu sein, gesehen und geliebt zu werden. Vielleicht geht dieser Frau, wie sie so nahe bei Jesus ist, solch ein Lied durch den Kopf:

»Du bist meine Zuflucht, mein starker Turm
Bei dir bin ich sicher, mitten im Sturm
Im Schutz deiner Flügel weiß ich genau
Du hältst mich fest, du lässt mich niemals los
   Mein Glück ist, nah bei dir zu sein
Und zu wissen, ich bin dein
Alles andre ist mir gleich
Bei dir kann ich ganz einfach sein
Deine Freiheit ist jetzt mein
Meine Zuversicht, mein Schutz
Du meine Zuflucht
   Du bist meine Zuflucht, hier berge ich mich
Du kennst meine Schönheit, mein wahres Ich
Du bist mein Vater, kennst mein Gesicht
Sagst mir: mein Kind, ich liebe dich«
            (Sefora Nelson: Mein Glück)

In Jesus Christus erweist uns Gott seine Liebe. Durch ihn spricht er zu jeder und jedem Einzelnen von uns diese drei wunderbaren Worte, nach denen wir uns doch alle so sehr sehnen: Ich liebe dich. Und dieses „Ich liebe dich" bedeutet: Ich will, dass du bist. Diese Übersetzung dieser drei Worte trifft nur dann zu, wenn sie wirklich ehrlich gemeint und keine Bedingungen an sie geknüpft sind. Ich denke, Gott meint sie ganz in diesem Sinne. Wenn wir diese drei Worte durch Menschen hören und dabei erfahren, ich bin erwünscht, ich bin gemeint, ich darf hier vorkommen, dann spricht Gott selbst durch ebendiese Menschen zu uns; dann haben wir teil an seiner Wirklichkeit; dann sind wir ihm ganz nah.

2. Von der Kraft der Frohen Botschaft

Predigt am 1. Weihnachtstag 2017 in St. Godehard Göttingen

Die Frohe Botschaft von Weihnachten ist so gut, dass wir sie nicht mit abgedroschenen Begriffen, so dahingesagten Halbwahrheiten oder mit schlauen theologischen Wörterbüchern, die nur wenige verstehen, in die Welt tragen können; und wir sollten es auch gar nicht erst versuchen. Heinrich Böll (1917–1985) war dieser Meinung und ich schließe mich ihm an. Schon als Kind schaute er aufmerksam zu, was um ihn herum geschah, und er hielt seine Beobachtungen im geschriebenen Wort fest. Er wurde von der Wehrmacht eingezogen und war vom ersten bis zum letzten Tag des Zweiten

Weltkriegs Soldat. Einige Male wurde er verwundet. Im Nachkriegsdeutschland, das die Ursachen und Folgen des Nationalsozialismus im Wesentlichen totschwieg, mahnte Böll zur Aufarbeitung. Freiheit, gesellschaftliche Teilhabe, Würde der Person und Solidarität waren seine Themen, die er als Schriftsteller verarbeitete. Seine Botschaft: Worte sollten gut überlegt sein. Wer sie ausspricht, sollte sich im Klaren darüber sein, was sie auslösen und anrichten können.

Wer sich als Verkünder der Frohen Botschaft versteht, sollte sich bewusst machen, dass sie Kraft hat: Kraft, um Dunkles aus der Vergangenheit ans Licht zu holen; Kraft, um Menschen zu bewegen, sich für Frieden und Gerechtigkeit einzusetzen; Kraft, um sich selbst zurückzunehmen, damit andere, besonders die Schwachen, nach vorne kommen. Die Frohe Botschaft lautet: „Fürchtet euch nicht, denn siehe, ich verkünde euch eine große Freude, die dem ganzen Volk zuteilwerden soll: Heute ist euch in der Stadt Davids der Retter geboren; er ist der Christus, der Herr" *(Lk 2,10–11)*. Und die Frohe Botschaft lautet: „Und das Wort ist Fleisch geworden und hat unter uns gewohnt" *(Joh 1,14)*. Gott Vater weiß sehr wohl, was er mit seinem Wort, Jesus Christus, bei den Menschen auslöst. Er hat sich dieses Wort gut überlegt. Und die Frohe Botschaft lautet: „Die Zeit ist erfüllt, das Reich Gottes ist nahe. Kehrt um und glaubt an das Evangelium!" *(Mk 1,15)*.

Es braucht Verkündiger, die damit rechnen, dass ihre Verkündigung Folgen hat; dass sie kritische Fragen an das eigene Leben und das Leben der Gesellschaft und der Kirche aufwirft; dass sie bewirkt, in Abgründe menschlichen Handelns zu blicken und die Spirale von Gewalt und Gegengewalt zu durchbrechen; dass sie dazu führt, im Leben ganz und gar auf Gott zu vertrauen, gegen alle Widerstände und Angriffe. Der erste Blutzeuge Stephanus war durch solch eine Verkündigung zum Glauben an Jesus Christus gekommen.

Als Getaufte haben wir den Auftrag, die Frohe Botschaft zu verkündigen; unmissverständlich, weder weichgespült noch geglättet. Und wenn ich hier in der Kirche am Ambo stehe, wird mir immer klarer, was ich brauche, damit mir das auch immer besser gelingt: Ich brauche die Schönheit und Erhabenheit von Kirchen, ich brauche sie gegen die Gewöhnlichkeit der Welt. Ich brauche das Wissen um die leuchtenden Farben bunter Kirchenfenster, ich brauche ihren Glanz, ich brauche ihn gegen das schmutzige Braun, das in unserem Land an so manchem Ort wieder gesellschaftsfähig wird. Ich will mich einhüllen lassen von der herben Kühle der Kirchen. Ich brauche ihr gebieterisches Schweigen, ich brauche es gegen das geistlose Gebrüll radikalisierter Menschen und gegen das Geschwätz der Mitläufer. Ich brauche das Licht und die Wärme brennender Kerzen, ich brauche sie gegen die soziale Kälte im Land. Ich brauche den wunderbaren Klang der Orgel, ich brauche ihn gegen die schrille Lächerlichkeit der Marschmusik. Ich brauche die Gemeinschaft mit betenden Menschen, ich brauche sie gegen das tückische Gift der Oberflächlichen und Gedankenlosen. Ich brauche die mächtigen Worte der Bibel, ich brauche sie gegen die Diktatur der Parolen. Ich brauche die Feier der heiligen Zeichen, ich brauche dieses kleine Stück Brot, ich brauche es gegen die glückversprechenden Angebote unserer Konsumtempel. Eine Welt ohne Kirche möchte ich mir nicht vorstellen müssen. Auf diese Gedanken brachte mich der Schweizer Philosoph und Schriftsteller Pascal Mercier.

Wir haben viele Möglichkeiten, die Frohe Botschaft auszudrücken, nutzen wir sie!

3.   Frieden braucht Vielfalt

Predigt zur Aussendungsfeier des Friedenslichtes am dritten Advent 2018 in St. Michael Göttingen

Die Menschen, die vor etwa 2000 Jahren Johannes den Täufer am Jordan aufsuchen *(vgl. Lk 3,1–22)*, spüren und erkennen, dass es um ihre Gesellschaft schlecht steht. Viele sind sich selbst der Nächste, arme, schwache und kranke Menschen werden über den Tisch gezogen. Menschen werden betrogen, ausgebeutet, erpresst und misshandelt.

In seiner Predigt wird Johannes sehr deutlich: Wenn ihr nicht Schluss macht mit eurer Menschenverachtung, wird eure Gesellschaft gänzlich auseinanderbrechen. Nur weil viele dasselbe denken, sagen und tun, heißt das noch lange nicht, dass das, was sie denken, sagen und tun, auch gut ist. Das machen doch alle, lauten häufig gehörte Rechtfertigungsworte.

Viele Menschen nehmen sich seine Worte tatsächlich zu Herzen und fragen ihn: Was sollen wir tun? Seine Antwort: Schafft endlich Frieden und fangt bei euch selbst an. Sucht und findet Frieden mit euch selbst. Meine Taufe soll euch dabei helfen. Und dann: Teilt, nehmt nicht mehr als euch zusteht, erniedrigt niemanden, damit ihr euch groß fühlen könnt, heilt und verbindet Wunden, versöhnt euch, schafft Frieden!

Ich denke, dass ich Johannes dem Täufer all diese Worte in den Mund lege, dass ich ihn so interpretieren darf. Die Botschaft von Johannes dem Täufer ist durch alle Zeiten brandaktuell, auch heute. Doch Johannes weiß auch, dass der eigentliche Friedensbringer neben ihm steht: Jesus. Jesus solidarisiert sich mit all jenen, die Angst um ihr Leben und ihre Zukunft haben, und lässt sich wie sie von Johannes im Jordan taufen. In diesem Moment ist die Stimme des Vaters zu hören: „Du bist mein geliebter Sohn, an dir habe ich Wohlgefallen gefunden" *(Lk 3,22)*. In diesem Augenblick hat Gott Vater sein Friedenslicht auf dieser Welt entzündet: Jesus.

Und Jesus macht sich auf den Weg, um sein Licht den Menschen zu schenken. Überall, wo Jesus hinkommt, macht sich Hoffnung breit und Zuversicht. Zusammen mit seinen Freundinnen und Freunden tritt er für eine tolerante Gesellschaft ein. Tolere ist Latein und bedeutet tragen, mittragen, durchtragen und auch ertragen. Gemeint ist, dass die Notleidenden, Bedürftigen und am Rand der Gesellschaft Stehenden gesehen werden und bekommen, was sie brauchen, um an der Gesellschaft teilhaben zu können. Die Botschaft Jesu lautet: Holt diese Menschen in eure Mitte! Denn Gott liebt die Menschen.

Während meiner Grundschulzeit wurde ich oft wegen meiner Sehbehinderung gehänselt. Andere Kinder machten sich lustig über mich. Insbesondere auf dem Schulweg lauerte mir immer wieder ein Junge auf, der laut über die Straße rief: Scheiß Blinder! Als ich dann bei den Pfadfindern eintrat, durfte ich ganz andere Erfahrungen machen. Hier durfte ich einfach dazugehören. Und wenn wir dann gemeinsam beteten am Ende einer Gruppenstunde oder am Abend während eines Zeltlagers, hörte ich, wie unsere Leiterinnen und Leiter Gott dafür dankten, dass es uns alle gibt. Gerade diese Momente waren es, die mir Selbstvertrauen schenkten und die Gewissheit, dass da einer ist, der mich nicht aus den Augen verliert und zu mir steht, auch auf meinem Schulweg.

Ich wünsche mir, dass auch viele andere Menschen solch eine gute Gemeinschaftserfahrung machen können, ganz gleich wie besonders, speziell, irritierend und anstrengend sie sein mögen. *Frieden braucht Vielfalt – zusammen für eine tolerante Gesellschaft.* Diesem Motto der Friedenslichtaktion 2018 kann ich mich nur anschließen. Und dann ist da noch etwas: Du verlierst nichts, wenn du mit deiner Kerze die eines anderen anzündest *(dänisches Sprichwort).*

4. Weihnachten im August

Predigt am 1. Weihnachtstag 2018 in St. Vinzenz Göttingen-Weende

Eine einschneidende und zugleich befreiende Erfahrung bildete für mich mein kleines „Weihnachten im August“: 2015 – als ich noch solch waghalsige Abenteuer wagte – fuhr ich zusammen mit den Göttinger Georgspfadfindern nach Dänemark ins Sommerlager. Zwei Tage vor Fahrtbeginn brach ich mir einen Zeh meines rechten Fußes, so dass ich nur mit einer klobigen Schiene gehen konnte. Unsere Zelte mussten wir im Regen aufbauen, der uns auch die ganze erste Woche begleitete. Der Zeltplatz war matschig und ebenso die Trampelpfade etwa zum mehrere hundert Meter entfernt liegenden Waschhaus. Es war nach vielen Jahren das erste längere Zeltlager, in das ich mitfuhr. Ich dachte, es wird wieder so wie früher, doch hatte sich etwas grundlegend verändert: Im Unterschied zu meinem letzten Sommerzeltlager besaß ich nun keinen Sehrest mehr. Ich fand mich in völliger Abhängigkeit wieder, die ich kaum ertrug. Darüber hinaus quälten mich existentielle Fragen, meine Zukunft betreffend.

Einen Ausweg aus dieser Situation sah ich darin, nach Hause zu fahren, in eine Umgebung, in der ich mich auskenne und weitgehend unabhängig bin. Irgendwie hatte ich vergessen, dass ich mit Pfadfindern unterwegs war und dass Nach-Hause-Fahren immer die letzte Möglichkeit ist. In meiner Not wendete ich mich an die Leiterrunde. Unser Roverleiter sammelte daraufhin seine Runde zusammen. Nach einiger Zeit Planungs- und Bautätigkeit riefen sie mich und präsentierten mir einen Handlauf aus Hölzern und Seilen, der mich zu all den Orten führte, die ich alltäglich brauchte. Um nicht quer über den Platz ein Seil spannen zu müssen, sägten sie oben auf einem Holzpfosten einen Pfeil aus, der zur Lagerfeuerstelle zeigte – dorthin, wo wir uns abends immer versammelten, um uns zu wärmen, um uns über die Ereignisse des vergangenen Tages auszutauschen, um uns Geschichten vorzulesen und zu erzählen, um unter dem Sternenhimmel über Gott und die Welt zu reden und um unsere Lieder zu singen: „Ins Wasser fällt ein Stein, ganz heimlich, still und leise.

Und ist er noch so klein, er zieht doch weite Kreise …", „Wo Menschen sich vergessen, die Wege verlassen und neu beginnen, ganz neu, da berühren sich Himmel und Erde …", „Jesus wohnt in unserer Straße …", „Letzte Nacht habe ich im Traum geschrien: So wie jetzt kann es nicht mehr weitergehen …", „Frieden allen Menschen möchte ich kaufen …", „Ich lobe meinen Gott, der aus der Tiefe mich holt, damit ich lebe …", „Von guten Mächten wunderbar geborgen …"

An diesen Abenden wuchs in mir wieder das Vertrauen, dass Gott für mich sorgt. Der Handlauf machte mir das unmissverständlich deutlich. Und aus den Liedern am Lagerfeuer hörte ich die Frohe Botschaft der Heiligen Nacht: Fürchte dich nicht, heute ist uns der Retter geboren! Weihnachten mitten im Sommer.

Diese Sommerlager-Erfahrung ließ mich an die Hirten denken auf freiem Feld. Sie hielten Nachtwache bei ihrer Herde. Sie zählten wohl nicht zu den Armen, die nicht wussten, wie sie morgen über die Runden kommen sollten. Durch ihre Herden hatten sie ein Auskommen und verkauften in der Stadt Milch, Käse und Wolle. Doch was sollten sie glauben, worin sollten sie sich festmachen? Was konnte der Orientierungsfaden in ihrem Leben sein? Das Judentum war zersplittert in unterschiedlichste Gruppierungen. Griechische und römische Einflüsse breiteten sich aus. Wohin also mit ihren Fragen nach Woher und Wohin? Wohin mit persönlicher Trauer und persönlichem Leid? Auf welchem Grund sollten sie stehen? Was konnte ihrem Leben Sinn und Halt geben? Was durften sie hoffen?

Ich denke, dass die Hirten damals solche Fragen hatten und dass sie durch diese Fragen und durch ihre Art zu leben draußen vor der Stadt unter dem freien Himmel empfänglich waren für die Botschaft der Engel in der Heiligen Nacht. Auch heute sind Menschen mit ihren existentiellen Fragen und in besonderen Lebensumständen empfänglich für Gott und seine Frohe Botschaft. Mir jedenfalls ging es so im Zeltlager in Dänemark. In mir machte sich die Gewissheit breit, dass es das Gute gibt, weil es Gott gibt, auch wenn ich es gerade nicht sehen konnte oder wollte. Mir fiel ein Gebet von Christa Spilling-Nöker ein, das ich oft bei Trauerfeiern dabei habe, nun galt es mir. Es lautet:

»Es gibt Oasen in der Wüste,
leuchtendes Morgenrot am Ende der Nacht,
Quellen unter Geröll
und eine Hand, die dich auch in den dunkelsten Stunden
fest hält.

Es gibt Türen, die sich wieder öffnen,
Worte, die das Schweigen durchbrechen,
Gesten der Versöhnung
und erste Schritte auf dem Weg zu einem Neuanfang.

Es gibt Farben des Regenbogens,
Knospen aus trockenen Zweigen,
Trauer, die uns reifen lässt
und ermutigenden Segen für dich und mich.«

Ja, und dieser ermutigende Segen Gottes ist durch Jesus Christus in die Welt gekommen. Er ist der Immanuel, der Gott mit uns. Er ist der Freudeschenker, der Heimatgeber, der Glücklichmacher, der Schuldvergeber, der Friedensbringer, der Worteinhalter, der Liebesspender – wie es Tobi Wörner im Lied *Du tust* beschreibt. Im Glaubensbekenntnis heißt es, dass wir Jesus in der Krippe finden können und am Kreuz und davor und dazwischen und dahinter.

5. Mut zum Frieden

Predigt zur Aussendungsfeier des Friedenslichtes am dritten Advent 2019 in St. Michael Göttingen

Schwestern und Brüder, liebe Menschen guten Willens,

„Mut zum Frieden" lautet das Motto der diesjährigen Friedenslicht-Aktion und ich ergänze: Habt Mut zum Frieden! Das ist oft leichter gesagt als getan: Sollen die sich doch da streiten, was geht mich das an? – Da mische ich mich lieber nicht ein, das ist mir zu gefährlich. – Was kümmern mich die Konflikte in anderen Ländern dieser Erde, wir haben genug eigene Probleme.

Frieden geschieht nicht einfach von selbst. Frieden braucht Herzen, die sich treffen lassen; einen ausgeprägten Sinn für Gerechtigkeit. Frieden braucht ein aktives Hinsehen und Hinhören und gelegentlich ein beherztes Dazwischengehen. Frieden entsteht durch Vorbilder.

Warum fällt es vielen Menschen so schwer, friedvoll zu leben? Wie kommen Menschen dazu, Mitmenschen wegen ihrer Hautfarbe, Religion, Behinderung oder sexuellen Orientierung als minderwertig zu bezeichnen? Was ist da schiefgelaufen? Menschen, die so leben, fehlt es häufig an Selbstwert. Vielleicht haben sie in ihrer Kindheit und Jugend zu selten die Erfahrung machen dürfen, bedingungslos geliebt zu werden. Vielleicht haben sie zu selten die Hilfe bekommen, die sie brauchten. Vielleicht haben sie die Erfahrung gemacht, immer zu den Verlierern der Gesellschaft zu gehören. Diese Erfahrungen bereiten den Boden für Neid, Wut, Hass und Gewalt und führen in politische Sackgassen. Um ein friedliches Miteinander zu erhalten und zu fördern, kommt es besonders darauf an, wie gut Menschen aufwachsen; welche Haltungen, Werte und Glaubenssätze Menschen kennenlernen und sich zu eigen machen; in welche Kreise sie geraten, welchen Gruppen sie sich anschließen und von wem sie sich Bestätigung holen.

Ich hatte das große Glück, immer Menschen in meiner Nähe zu haben, denen ich vertrauen konnte und die mir vertrauten und mir vieles zutrauten. Besonders viele von diesen Menschen habe ich bei den Pfadfindern getroffen. Und dann war da noch etwas: Es gab immer wieder Menschen auf meinem Lebensweg, die mir von Gott erzählten. Meine Oma, meine Eltern, meine Geschwister, so manche Lehrerin und mancher Lehrer, Leiterinnen und Leiter bei den Pfadfindern, Erzieherinnen und Erzieher im Internat, Mitschülerinnen und Mitschüler, Mitstudierende, Professorinnen und Professoren und Geistliche. All diese Menschen haben mir dabei geholfen, ganz und gar auf Gott zu vertrauen – den biblischen Verheißungen – der Frohen Botschaft Jesu Christi: Gott meint es gut mit dir.

Gaudete – freut euch! So lautet die Überschrift über dem 3. Advent. Wir müssen auf keinen anderen warten, er ist es, der kommen soll (vgl. Mt 11,3). Die Verheißungen beim Propheten Jesaja (Jes 35,5–6) werden bei ihm erfüllt: Blinde sehen, Lahme gehen, Taube hören,

Tote stehen wieder auf, Aussätzige werden rein und den Armen wird die Frohe Botschaft verkündet. Wer bei Jesaja weiterliest, findet auch folgenden Satz: Die aber, die dem Herrn vertrauen, schöpfen neue Kraft, sie bekommen Flügel wie Adler. Sie laufen und werden nicht müde, sie gehen und werden nicht matt (Jes 40,31). Ich finde, dieser Satz beschreibt den Schlüssel zum Heilwerden, zum Menschwerden, zu einem friedvollen Leben. Die dem Herrn vertrauen, schöpfen neue Kraft, immer wieder, jeden Tag. Nach Rückschlägen, Krisen und Misserfolgen, nach harter Arbeit und schweren Auseinandersetzungen. Die dem Herrn vertrauen, finden immer wieder zu sich selbst, entdecken ihre Begabungen und Fähigkeiten und bringen sie ein. Die dem Herrn vertrauen, die sich also als seine geliebten Kinder verstehen und begreifen, werden nicht müde, sich für Gerechtigkeit und Frieden einzusetzen. Die dem Herrn vertrauen, stehen zu ihrer Herkunft und zu ihrem Glauben. Sie haben keine Angst vor der Zukunft, sondern gestalten sie mit.

Gemeinsam mit vielen Menschen dem Herrn zu vertrauen, ist ein äußerst guter Boden für eine friedvolle Gesellschaft, eine friedliche Welt und für Mut zum Frieden.

Amen.

STADTBIBLIOTHEK
AM SALZSTADEL
AUSGESCHIEDEN